Cuentos y juegos

CUENTOS Y JUEGOS

Edited by

ELLEN CLAYDON LAVROFF
Community College of Denver

ARMIN WISHARD
Colorado College

EDWARD DILLER
University of Oregon

W·W·Norton & Company·Inc·
New York

First Edition

Library of Congress Cataloging in Publication Data
Main entry under title:

Cuentos Y Juegos.

1. Spanish language—Composition and exercises.
I. Lavroff, Ellen C. II. Wishard, Armin. III. Diller,
Edward, 1925–
PC4420.C8   468'.2'421   75–15588

ISBN 0–393–09201–1

"El hombre y el perro." Drawing by Donna Dwigans, reprinted by permission.

"Crucigramas para estudiantes," Burnett. National Textbook Company, Skokie, Ill.
Reprinted by permission of the publisher.

"Restaurante donde los clientes pagan según su criterio." Text and photographs reprinted by permission of BIPS.

"La contaminación atmosférica" by Iva and "Cosas por Conti." Reprinted by permission of Ibero mundial de ediciones.

"¡Viva huelga en general!" Copyright © 1965 by Luis Valdez. Reprinted by permission of Cucaracha Publications.

"Peanuts." Copyright © 1972 by United Feature Syndicate, Inc.

"Los Young Lords" by Fernando M. Pando and "Paz en la tierra" are reprinted with the permission of *Nueva York Hispano.*

"La Muerte de Pancho Villa: Corrido by Eduardo Guerrero." From *Mexico This Month,* August, 1970. By permission of the publisher.

"El Sheriff King: Estrellas sobre Tolima" by Cassarel and Díaz. Copyright © 1974 Creaciones Editoriales, S.A. Reprinted by permission of the publisher.

"Así es como *MAD* contesta a las preguntas estúpidas" by Al Jaffee. From *MAD* Magazine. Copyright © 1965 by E.C. Publications, Inc. Reprinted by permission of the publisher.

"Viaje a la Alcarria," by Camilo José Cela, from *Mis páginas preferidas* (1956). Reprinted by permission of the author.

"La Isla al mediodía" by Julio Cortázar from his book *Todos los fuegos el fuego.* Copyright © Editorial Sudamericana S.A., Buenos Aires. Reprinted by permission of the publisher.

"Civilización y barbarie" by Domingo Faustino Sarmiento from his volume *Facundo,* Colección Austral (número 1058). Copyright © Compañia Editora Espasa-Calpe Argentina S.A., Buenos Aires. Reprinted by permission of the publisher.

For permission to reprint photographs, acknowledgment is given to:

BIPS
Mexican National Tourist Council
Museum of Modern Art, New York
Nueva York Hispano
Spanish National Tourist Office
United Farmworkers Union, Delano, Calif.

PRINTED IN THE UNITED STATES OF AMERICA
1 2 3 4 5 6 7 8 9

CONTENTS

v

PREFACE

Two assumptions underlie the creation of this book: first, that there is written material available which first or beginning second-year Spanish students can and do want to read; and second, that a short anecdote or a cartoon can become the basis for extensive development of oral and written language skills. We believe that there is a good deal of literature for Spanish students which by its very nature attracts and motivates readers to purchase it for entertainment and ponder over it. The many classics in paperback, the vast wealth of Latin-American and Spanish pictorial magazines, comic books, collections of jokes or puzzles—such sources provide material that is amusing, relevant, entertaining, provocative, instructive, and enlightening.

Linguists are continually trying to make students and teachers of modern languages aware of the fact that there is, syntactically, little difference between colloquial and literary language. If a student can readily understand the apt answer to one of *MAD*'s stupid questions: "Mi doctor me dijo que hiciera gimnasia," he or she can understand: "Doña Lupe, en tanto, dispuso que no se hiciese almuerzo en la cocina de Fortunata, y que ésta y su marido almorzaran con ella," from Galdós' *Fortunata y Jacinta*. If one uses and enjoys a foreign language in a simple and meaningful way at first, an appreciation of its subtle constructs and elusive meanings must develop with time.

The ease and interest with which we have attempted to present the contents of this reader should be an inducement for the teacher of first-year Spanish to begin using it soon after initial phases of grammar have been completed. It is well known that midway through the first year rote learning and language analysis begin to seem a bit repetitious and perhaps even artificial. What is needed at this point is what has been called "relevancy" by students: material and literature of genuine interest.

The authors of this reader have found it to be most effective when introduced during the second half or at the end of the introductory year of Spanish. But the work will serve equally well as an introductory reader for a second-year sequence in college Spanish. The varied contents and the simplicity of language should quickly draw students back into a Spanish frame of mind without discouraging them at the outset with complicated syntax and obscure vocabulary. A third possibility is to use this reader at the end of the first year (covering those selections through "La contaminación atmosférica") and then to begin the second-year sequence with the remainder of the book. Selections have been graded according to difficulty, but we all know the frustrations which all too easily beset students who are forced to plow through reading selections which are much too difficult for them, so, once again, the adoption of these selections must be done carefully and conscientiously. One should keep in mind that easier selections inspire confidence and allow for a review of introductory material, more difficult ones provide a challenge and a sense of achievement if dealt with at the appropriate time.

Having said this, we hope to counter any possible objections to our lumping together in one volume comic strips from *Peanuts* with stories by Julio Cortázar, Domingo Faustino Sarmiento, and Camilo José Cela. At the same time we want to arm the teachers of Spanish with a sense of authority and adventure that allows them to examine and enjoy some of the polar contradictions that constitute the written literature of our time. *Cuentos y juegos* is not merely a catchy title: it incorporates for us the polar essence of learning no less than it did for Cervantes, Calderón de la Barca, Unamuno, and countless other great writers of Spanish literature who viewed all of life as a vast realm of serious fictions, ironic illusions, and other unreal realities.

We gratefully acknowledge the assistance of Dr. Luis Fonseca, Department of Foreign Languages and Literatures, University of Denver, who served as native language consultant, and of the Division of Communication and Arts, Community College of Denver, North Campus, which provided generous help in reproducing the manuscript.

TO THE TEACHER

The units of this book are in large part programmatic and self-contained. The teacher may simply assign a total unit of work over a given time and expect the student to complete it at home and hand it in. On the other hand, one may consider the drills, exercises, and tests accompanying each unit as a point of departure for classroom discussion and oral practice.

For the fullest use of this book, we suggest the following procedure for most units:

1. Assign a unit for preparation.
2. Then discuss the lesson using the following techniques.

- Read a sentence aloud.
- Have the students repeat in chorus.
- Ask students questions about the sentences that require only slight transformations in response. (Example: **Un gato blanco está delante del agujero de un ratoncito** should be followed in rapid order by questions such as **¿Dónde está el gato blanco? ¿Quién está delante del agujero? ¿De quién es el agujero?** i.e., **delante del agujero; el gato blanco; es de un ratoncito,** etc.) Where pictures are involved, ask over and over again **¿Qúe ven en este cuadro? ¿Cerca del hombre? ¿Qué lleva él? ¿Qué hace su señora?,** etc.
- After discussing the selection in detail, have students reread the text in its entirety.
- Correct written assignments with the class.
- Have the class hand in the written assignment. Then, with all books closed, ask the questions on the work that has been handed in.
- Do not hesitate to exploit moments of special enthusiasm, interest, or insight. Do your best to sustain simple conversations in Spanish, even where they deviate from the scheduled assignment.

The short selections chosen for this reader have an advantage as subject matter for oral practice: they can be read and reread with a minimum expenditure of time and effort, and they should instill a feeling of confidence, achievement, and pleasure.

Should you wish to enrich this program even more, we suggest that you make us of the vast repository of audiovisual materials available from Goldsmith's Music Shop, A/V & Language Department, 301 East Shore Road, Great Neck, N.Y. 11023; Gessler Publishing Co.,

Inc., 131 East 23rd St., New York, N.Y. 10010; Continental Book Co., Inc., 89–25 130th St., Richmond Hill, N. Y. 11418. These companies offer records, slides, realia, games, and books. Copies of *Peanuts* in Spanish are available from large book and magazine stores. Last but not least are the invaluable services rendered by the different Spanish-speaking consulates located throughout the country.

Any and all of these materials may form the basis for fresh interest and enthusiasm for the study of Spanish; and as studies have shown and experienced teachers have observed, motivation rather than intelligence is the *sine qua non* for the acquisition of a foreign language. At best the two go hand in hand: the excitement and adventure of learning a language, and an intelligent, systematic approach to its acquisition. Both, however, will fail to materialize if the teacher does not provide the proper climate for learning. It is with him or her that the student's ultimate success or failure resides.

CUENTOS Y JUEGOS

EL HOMBRE Y EL PERRO

En una pequeña ciudad de México un señor da un paseo por la mañana. Hace calor y él camina lentamente por la calle. Detrás de él anda un perro chiquito. Todo está tranquilo. De repente aparece un policía y le dice al señor:—¿No sabe Ud. que lo que hace es contra la ley? Los perros se deben conducir con una traílla.

El hombre no dice nada; continúa caminando lentamente. El perro y el policía lo siguen.

—¡Oiga! le grita el policía,—Esto va en contra de la ley. Al fin, el hombre contesta:—El perro no es mío; no infrinjo la ley, señor policía.

—¿Cómo que no? le grita el policía.—Yo no le creo a Ud. El perro es de Ud. porque lo sigue a Ud.

—Eso no es ninguna prueba, dice el hombre riéndose.—¡Ud. me sigue también!

dar un paseo to take a walk
por la mañana in the morning **hace calor** it is hot **caminar** to walk **lentamente** slowly **detrás de** behind **andar** to walk **chiquito** small **de repente** suddenly
5 **aparecer** to appear
contra against **la ley** law **se deben conducir** must be led **la traílla** leash

gritar to shout
10 **infringir** to break (the law)

¿Cómo que no? why not?

la prueba proof **riéndose** laughing
15

A. *Complete the following sentences, using the English in parentheses as your guide.*

1. Todas las mañanas _____ *(I take a walk).*

2. _____ *(We walk)* por la calle.

3. De repente _____ *(appear)* dos policías.

4. El perro _____ *(follows)* al hombre.

5. Vivo en una ciudad _____ *(quiet).*

6. El perro está _____ *(laughing).*

7. Le pregunta: ¿_____ *(does the dog belong to you)*?

8. _____ *(in front of)* él camina un perro chiquito.

9. Cuando _____ *(it is cold),* no salgo de la casa.

1

B. *Answer verdad or falso.*

_____ 1. La pequeña ciudad del cuento está en Francia.

_____ 2. La ley dice que un perro se debe conducir con una traílla.

_____ 3. El hombre nunca contesta al policía.

_____ 4. El hombre piensa que el perro es del policía.

_____ 5. El hombre está riéndose del policía.

C. *Answer the following questions with a complete sentence in Spanish.*

1. ¿Por qué está el hombre en la calle? _____

_____

2. ¿Quién sigue al hombre? _____

_____

3. ¿Es contra la ley tener un perro? _____

_____

4. En su ciudad ¿se deben conducir los perros con una traílla? _____

_____

5. ¿Está furioso el policía con el hombre? _____

_____

6. ¿Cómo sabe el policía que el perro es del hombre? _____

_____

7. ¿Es esto una buena prueba? _____

_____

8. ¿Es el policía del hombre? _____

_____

9. ¿Quién infringe la ley—el hombre, el perro o el policía? _____

_____

Crucigrama ENGLISH/SPANISH

COLORS

Horizontales

1. orange
5. see
7. here
10. emerald
14. gray
15. on
16. from
18. tall
20. is
21. long
22. autumn
24. so
25. bear

Verticales

2. August *(abbr.)*
3. yellow
4. white
5. green
6. is
8. auburn, chestnut
9. to the
11. milligram *(abbr.)*
12. was
13. from
17. *pl. ending*
19. gold *(pl.)*
22. to you *(fam. pl.)*
23. *obj. pronoun (fam.)*

POR QUÉ SE APRENDE UNA LENGUA EXTRANJERA

la lengua extranjera foreign language

Un gato blanco está sentado delante del agujero de un ratoncito. Es un gato mexicano. Tiene mucha hambre pero no puede cazar ningún ratoncito. Empieza a maullar pero nunca sale el ratoncito. Está sentado allí todo el día con hambre.

delante de in front of **el agujero** hole
el ratoncito mouse
cazar to hunt, to catch **maullar** to meow

Por fin entra en el cuarto un gato negro. Desde la calle ha oído maullar al gato blanco. Lo mira y le pregunta: ¿Por qué te estás quejando? ¿Qué pasa?

5 **ha oído** has heard

quejarse to complain

—Tengo mucha hambre,—contesta el gato blanco.—Hay un ratoncito en este agujero, pero no puedo cogerlo.

coger to catch

El gato negro piensa por un momento y luego dice:—Eso no 10 es un problema difícil. Yo lo puedo cazar en seguida. Se pone delante del agujero y dice:—¡Guau, guau! (Los perros mexicanos siempre dicen ¡guau, guau!)

en seguida immediately **ponerse** to place himself

El ratoncito en el agujero piensa:—Ahora se ha marchado ese gato estúpido. Sale del agujero y el gato negro salta encima de él 15 y lo coge.

se ha marchado has left
saltar to jump **encima de** on top of

El gato blanco queda asombrado y le pregunta:—¿Cómo es posible que tú puedes coger al ratoncito y yo no? El otro le contesta:—No es difícil. ¡Se tiene que ser inteligente y hablar una lengua extranjera! 20

quedar asombrado is astonished

se tiene que one must

A. *Answer the following questions in Spanish.*

1. ¿Por qué maulla el gato blanco? _____

_____

2. ¿Por qué entra en el cuarto el gato negro? _____

_____

3. ¿Quién dice:—¡Guau, guau!? _____

_____

4. ¿Por qué sale el ratoncito del agujero?_____

_____

5. ¿Quién coge al ratoncito? _____

_____

6. ¿Por qué puede coger al ratoncito el gato negro? _____

_____

7. ¿Es inteligente el gato blanco? _____

_____

8. ¿Cuál es la moraleja de este cuento? _____

_____

B. *Answer verdad or falso.*

_____ 1. El gato blanco está sentado en un agujero.

_____ 2. El gato negro es un perro.

_____ 3. Un gato mexicano siempre dice:—Guau, guau.

_____ 4. El ratoncito maulla.

_____ 5. El gato blanco quiere coger al ratoncito.

_____ 6. El gato negro es más inteligente que el gato blanco.

_____ 7. El gato blanco tiene mucha hambre.

_____ 8. Un perro coge al ratoncito.

_____ 9. El ratoncito piensa:—El gato es estúpido.

_____ 10. El gato negro puede coger al ratoncito; habla una lengua extranjera.

C. *Complete the following sentences.*

1. Los gatos _____ *(go out of)* el cuarto.

2. Dos ratoncitos _____ *(place themselves)* delante del agujero.

3. ¿Cómo puedes coger al ratoncito y _____ *(he can't)*.

4. La mujer _____ *(is sitting)* en el cuarto.

5. _____ *(There are)* cuatro perros en el carro.

6. Quiere coger al ratoncito _____ *(all week)*.

7. ¿Por qué _____ *(are they complaining)* ellos?

8. Yo _____ *(am hungry)*.

DIFICULTADES CON LA LENGUA

John O'Connor, un joven inglés, hace un viaje a España. Quiere visitar Madrid, la capital. Desgraciadamente, tiene un gran problema—no habla ni una palabra de español.

el joven young man   **hacer un viaje** to make a trip
desgraciadamente unfortunately
ni not even

Alquila un cuarto en un pequeño hotel y come allí todos los días. El primer día, y todos los días que siguen, un español de edad mediana se sienta a su mesa. Todos los días el español le dice: "Buen apetito." "John O'Connor," le contesta el inglés con una pequeña reverencia.

alquilar to rent   **el cuarto** room
5 **la edad** age
mediano middle
buen apetito good appetite
la reverencia bow

Esta escena se repite durante varios días. Por fin, el joven cae en la cuenta de lo que quiere decir "buen apetito." Aprende que no es un nombre. Al día siguiente John O'Connor entra en el comedor, va a la mesa y le desea amablemente al caballero español: "Buen apetito." "John O'Connor," le contesta el español con una sonrisa amistosa.

repetirse to be repeated   **varios** several   **caer en la cuenta** to realize
10 **querer decir** to mean
el nombre name   **al día siguiente** on the following day   **el comedor** dining room
desear to desire, wish   **amablemente** pleasantly   **el caballero** gentleman
la sonrisa smile   **amistoso** friendly

A. *Answer* **verdad** *or* **falso** *to the following statements.*

_____ 1. Un joven alemán hace un viaje a Inglaterra.

_____ 2. John O'Connor no habla una palabra de español.

_____ 3. Todos los días come en un pequeño hotel.

_____ 4. Una muchacha joven siempre está sentada a su mesa.

_____ 5. Antes de comer se dice "buen apetito" en España.

_____ 6. John O'Connor aprende que "buen apetito" no es un nombre.

_____ 7. El caballero español se llama John O'Connor también.

_____ 8. En Madrid mucha gente que tiene dificultades con la lengua se llama O'Connor.

_____ 9. Este cuento de John O'Connor y sus dificultades es un chiste.

B. *Write out the conjugations of the following verbs.*

       caer   sentarse

yo _____   yo _____

tú _____   tú _____

él, ella, Ud. _____   él, ella, Ud. _____

nosotros _____   nosotros _____

ellos, ellas, Uds. _____   ellos, ellas, Uds. _____

hacer

yo _____

tú _____

él, ella, Ud. _____

nosotros _____

ellos, ellas, Uds. _____

C. *Answer the following questions in Spanish.*

1. ¿Quién es John O'Connor? _____

   _____

2. ¿Dónde está John O'Connor? _____

   _____

3. ¿Qué dificultades tiene este joven? _____

   _____

4. ¿Dónde alquila un cuarto? _____

   _____

5. ¿Quién está sentado a su mesa? _____

   _____

6. ¿Cómo contesta John O'Connor a las palabras "buen apetito?" _____

   _____

7. ¿Se repite esta escena muchas veces? _____

   _____

8. ¿Qué dificultades con la lengua tiene el caballero de edad mediana? ___

   _____

Crucigrama ENGLISH/SPANISH

MACHINES

1	2		3			
		█		█	█	█
4			5		6	
	█	7		█		
8			█	█		
	█	9	10	11		
	█	█	12			

Horizontales
1. garages
4. machine
7. avenue *(abbr.)*
8. you *(fam.)*
9. brake
12. us

Verticales
2. to the *(two wds.)*
3. water
4. engine
5. four *(Rom. num.)*
6. cars
9. R.R.
10. on
11. negative

9

LA MENDICIDAD, GRAN NEGOCIO EN LA CAPITAL MEXICANA

la mendicidad begging

La mendicidad en México es una gran "industria sin chimeneas," según la investigación del ex director de Servicios Sociales de la ciudad de México, José Rivas.

la chimenea chimney
según according to

Pero esta industria, en forma parecida a "Chicago año 30" es controlada por una "mafia" que vende protección y da las mejores plazas de mendicidad al mejor postor.

parecida similar

la plaza place, square   **el postor** bidder

Afirma Rivas en su estudio que hay esquinas, tales como la de la catedral, en la plaza central de la ciudad que valen hasta 300 pesos por día (24 dólares). El mendigo tiene como ganancia todo lo que obtenga por encima de esto. En cambio, el mendigo no es molestado por la mafia ni por otro mendigo. El informe ha sido presentado ante las autoridades. ¡Cuidado, turista!

la esquina corner   **tales como** such as
la de the one of
valer to be worth
el mendigo beggar   **la ganancia** profit
obtener obtain   **por encima de** above
en cambio on the other hand
molestar to bother   **el informe** report
ante before   **cuidado** careful

A. *Fill in the blanks.*

1. La mendicidad es una gran _____ *(smokeless industry)*.

2. _____ *(According to)* la investigación del ex director de Servicios Sociales.

3. Esta industria, en forma parecida a Chicago año 30, _____ *(is controlled)* por una "mafia."

4. La "mafia" vende protección y da _____ *(the best places)* de mendicidad al mejor postor.

5. El mendigo tiene como ganancia todo lo que obtenga _____ *(above this)*.

6. En cambio, el mendigo no es molestado _____ *(by)* la mafia ni _____ _____ *(by)* otro mendigo.

7. ¡ _____ *(Watch out)*, turista!

B. *Circle the correct ending for each sentence.*

1. La mendicidad en México _____.
   a. no es muy importante
   b. es una gran industria
   c. ya no existe

2. La "mafia" de mendicidad vende _____.
   a. tarjetas postales
   b. viajes a los Estados Unidos
   c. protección y las mejores plazas

3. Una buena plaza vale _____.
   a. 300 pesos por día
   b. 50 dólares
   c. muy poco

4. Como ganancia el mendigo tiene lo que obtenga _____.
   a. de los oficiales de la ciudad
   b. de la mafia
   c. por encima de 300 pesos

5. El informe ha sido presentado _____.
   a. a los mendigos
   b. a las autoridades
   c. al gobierno de los Estados Unidos

6. El ex director de Servicios Sociales se llama _____.
   a. José Rivas
   b. José Greco
   c. José Jiménez

7. Una de las mejores plazas es la esquina de _____.
   a. Juárez e Insurgentes
   b. la Plaza de las Tres Culturas
   c. la catedral

8. Este cuento _____.
   a. es interesante para turistas
   b. es estúpida
   c. es una molestia

C. *Match the words in the left-hand column with words of related meaning in the right-hand column.*

1. la industria   1. el lugar

2. la investigación   2. la iglesia

3. el director   3. el oficial

4. la ciudad	4. el pueblo
5. la plaza	5. costar
6. afirmar	6. conseguir
7. la catedral	7. el negocio
8. valer	8. dar
9. obtener	9. el jefe
10. presentar	10. el estudio
11. la autoridad	11. decir

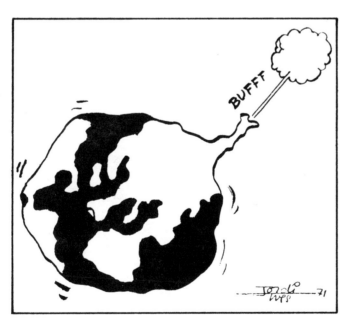

COSAS POR CONTI

—¡Usted, tan agresivo, sí que sería un buen vendedor!

sí que certainly
el vendedor salesman

ES LO MISMO EN NUESTRO PAÍS

lo mismo the same

Un joven de los Estados Unidos, como muchos jóvenes hoy día, hace un viaje a Europa. Entre otros países, va a Italia. Un día en un pequeño restaurante de Roma empieza a platicar con un italiano. Empiezan a hablar de los dos países y de las peculiaridades de cada uno. El norte-americano quiere darle a su amigo una buena idea de lo grande que es su país en comparación con Italia.

hoy día today, nowadays

platicar to chat

5

lo grande how big

—En nuestro país, explica,—uno se sienta en un tren y viaja una hora, varias horas, aún días enteros, y todavía está en los Estados Unidos.

explicar to explain   **viajar** to travel
aún even   **entero** entire

Sin parecer demasiado impresionado, el italiano exclama con entusiasmo:—¡Esto lo conocemos aquí! ¡Trenes así tenemos también!

10   **sin** without   **parecer** to seem (seeming)
demasiado too
así like that

A. *Make up questions in Spanish for the other students in the class to answer. Base your questions on the words or phrases given below.*

1. Europa

2. en un pequeño restaurante de Roma

3. un italiano

4. los dos países

5. comparación

6. días enteros

7. trenes así

B. *Circle the word that correctly completes the sentence.*

1. Un joven de los Estados Unidos, _____ muchos jóvenes, va a Europa.
   a. con
   b. como
   c. entre
   d. sin

2. _____ otros países, va a Italia.
   a. de
   b. para
   c. aún
   d. entre

3. Empieza _____ platicar con un italiano.
   a. de
   b. —
   c. a
   d. para

4. Hablan _____ los dos países.
   a. de·   c. a
   b. en   d. para

5. _____ parecer demasiado impresionado, el italiano exclama con entusiasmo.
   a. en   c. de
   b. sin   d. con

6. Trenes _____ tenemos también.
   a. aún   c. entero
   b. así   d. cada

7. Quiere darle a su amigo una idea de _____ que es su país.
   a. qué grande   c. lo grande
   b. el grande   d. tan grande

8. _____ se sienta en un tren y viaja una hora.
   a. todos   c. se
   b. uno   d. tú

9. _____ lo conocemos aquí también.
   a. esto   c. nosotros
   b. lo mismo   d. él

C. *Answer the following questions in Spanish:*

1. ¿Le gusta viajar por tren? ¿Por qué? _____

   _____

2. ¿Se puede viajar por tren en los Estados Unidos? _____

   _____

3. ¿Es verdad que podemos andar días enteros en un tren sin salir de los Estados Unidos?

   _____

4. ¿De California a Nueva York cuánto tiempo se necesita en un tren? _____

   _____

5. ¿Cuánto tiempo en un avión? _____

   _____

6. ¿Qué prefiere Ud.—el tren o el avión? ¿Por qué? _____

   _____

7. ¿Hay muchos trenes en Italia? _____

_____

8. ¿Son buenos o malos? ¿Van rápidos o lentos? _____

_____

9. Compare Ud. las ventajas de viajar en tren con las de viajar en avión. _____

_____

_____

_____

10. Compare Ud. las ventajas de viajar en avión con las de viajar en tren. _____

_____

_____

_____

COSAS POR CONTI

—¿Hasta dónde me quieres?—preguntaba ella.
—Te quiero . . . hasta aquella rubia que
está sentada allí, a unos veinte metros.

¿hasta dónde? how far? to what extent?

el metro meter (about three feet)

COSAS POR CONTI

—Antes era más emocionante. ¡Se pescaban vivos!

—Deseo una habitación SIN baño.

Río Tal River Such and Such
emocionante exciting
pescarse to be caught
vivo alive

DON MARTIN

UN ACCIDENTE DESCON-CERTANTE

Dicho

desconcertante embarrassing
sostenerse to hold on
el dedo finger
ayudar to help
lo más fuerte as hard as

Visto

el antepecho windowsill
las celosías blinds
el dolor pain
la lengua tongue
sacar la lengua to stick out her tongue
el traje suit
el tacón alto high heel
feo ugly
el pelo largo long hair
la falda skirt
el suéter sweater
el cuarto room
sorprendido surprised
horrorizado horrified
tener miedo to be afraid
preocupado worried
flaco skinny
la cola de caballo ponytail

© 1965

Dicho

silbar to whistle
cogeré I will catch

Visto

darse prisa to hurry
tener prisa to be in a hurry
dar vueltas to twirl
cruzado crossed
correr to run
el pasillo hall
la escalera stairs
el ruido noise
volar to fly
la baranda bannister
bajar to go down
lo más rápido posible as fast as possible

Visto

pararse to stop
de repente suddenly
afuera outside
el edificio building
estar colgado to be hanging
estirado stretched
esperar to wait
pacientemente patiently
seguir corriendo to continue running
la planta baja ground floor
los dedos más largos del mundo the longest fingers
  in the world

A. *Select the answer that best completes the sentence and fits the (non)sense of the story.*

1. Un hombre se cayó _____.
   a. por la ventana
   b. fuera del carro
   c. de las nubes

2. Su mujer quiere _____.
   a. darle las gracias
   b. contestarle
   c. ayudarlo

3. Ella le cierra la ventana lo más fuerte posible sobre _____.
   a. los dedos
   b. los oídos
   c. la lengua

4. La señora corre rápidamente _____.
   a. a casa
   b. a su marido
   c. de la escuela

5. El hombre está _____.
   a. en la tierra
   b. en la escalera
   c. en la esquina

B. *Answer the following questions orally with a full sentence preceded by sí or no. You have the option with negative answers of giving the correct answer or simply inserting no (not) at the appropriate point in the sentence.*

1. ¿Se cayó el hombre por la ventana?
   Sí, el hombre se cayó por la ventana.

2. ¿Se sostiene el hombre con una sola mano?
   No, se sostiene con dos dedos, *or,* No, no se sostiene con una sola mano.

3. ¿Hay dos señores cerca de la ventana? _____

   _____

4. ¿Están contentas las señoras? _____

   _____

5. ¿Cierra la puerta la señora? _____

   _____

6. ¿Baja por la escalera? _____

_____

7. ¿Baja rápidamente? _____

_____

8. ¿Está parado en la puerta el hombre? _____

_____

9. ¿Tiene dedos largos el hombre? _____

_____

10. ¿Está contento? _____

_____

11. ¿Corren fuera de la casa las dos señoras? _____

_____

12. ¿Quieren ayudar al hombre las dos señoras? _____

_____

C. *Describe in your own words each picture in the story, using the vocabulary under the column Visto.*

COSAS POR CONTI

fútbol soccer
enterarse to find out
casi almost
quemado burned
los calcetines socks
cambiar to change

Crucigrama SPANISH/ENGLISH

VAMOS DE COMPRAS

Horizontales

1. zapatería *(2 palb.)*
8. sastre
9. limones
10. compañía *(abr.)*
11. veterinario *(abr.)*
12. en
14. América del Sur *(abr.)*
15. suela de un zapato
17. en
18. bebida del verano
19. material sintético
20. terminación comparativa
21. negocio
22. sesión

Verticales

1. medias
2. ¡ja!
3. óleo
4. ascensores
5. algunos
6. trota
7. revendió
13. aguja
14. ventas
16. hecho de roble
21. hacer

25

Los clientes se divierten en el "Sampiero Corso"

Claudio Lacevis (a la izquierda) habla con su cocinero y unos clientes.

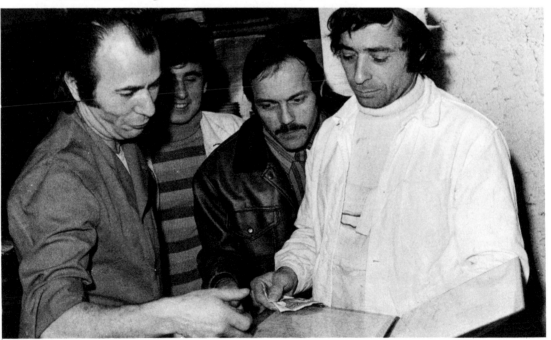

RESTAURANTE DONDE LOS CLIENTES PAGAN SEGÚN SU CRITERIO

el criterio criterion

En París, como en Roma o Madrid, hay restaurantes caros, medianos, baratos y muy baratos. Pero el que se ha abierto a primeros de año en la capital de Francia es el primero que da comidas gratis. Mejor dicho, los clientes pagan lo que les parece justo por lo que les han servido. Si usted opina que la sopa está fría, por ejemplo, o que el servicio ha sido pésimo no tiene que dejar ni un franco. En cambio, si ha comido a su gusto paga en proporción a sus ingresos. No hay facturas. Nadie sabrá, por tanto, la cantidad que ha dejado en caja. Si ha pasado junto a ella sin dejar nada, nadie le mirará. Al final del día, cuando el propie- 10 tario del restaurante hace números, sabe si ha hecho negocio o no.

Claude Lazevis es el dueño del "Sampiero-Corso." —No intento hacer dinero—dice, quiero que mi trabajo sirva a los demás. Los jubilados, los músicos callejeros, los que estén en paro, etc., no necesitan pagar. Los económicamente fuertes lo harán según 15 sus ingresos. Eso espero, al menos. Sé que me pueden tomar el pelo, pero no ha ocurrido hasta el momento. Intento ser honrado y la gente me ha correspondido. La confianza es la base de mi negocio.

Lazevis niega ser comunista. Está a favor de los que producen, cualquiera que sea su ideología. Para él cuentan las personas, no 20 su dinero. El menú "standard" del restaurante cuesta ocho francos, precio mínimo por cuatro platos y vino. Pero repetimos: quien estime que el menú no vale tanto puede pagar menos.

mediano average **el que** the one which or who **se ha abierto** has been opened **a primeros** at the beginning
5 **gratis** free **mejor dicho** better said **justo** fair **opinar** to have an opinion, to think
pésimo terrible
el franco franc (French money) **en cambio** on the other hand **a su gusto** to your pleasure
el ingreso income **la factura** bill **sabrá** will know **por tanto** therefore **en caja** at the cashier's **junto a** near **mirará** will look at
hacer números to make calculations **el dueño** owner
15 **intentar** to try **sirva** serve *(subjunctive)*
el jubilado retired person **el músico** musician **callejero** of the street **en paro** unemployed
harán will do
al menos at least **tomar el pelo** to cheat, to deceive
20 **honrado** honest **corresponder** to react accordingly **la confianza** confidence, trust
negar to deny **a favor** in favor
cualquiera whatever **contar** to count, to be important
el menú specialty of the day
el plato dish, course of a meal
estimar to estimate, to think **valer** to be worth

A. *Translate the following phrases into Spanish.*

1. at the beginning of the year

_____

2. gives free meals

_____

3. what seems fair to them

_____

4. you don't have to leave even a franc

_____

5. in proportion to your income

_____

6. at the end of the day

_____

7. I don't try to make money

_____

8. they can deceive me

_____

9. people have reacted accordingly

_____

10. he denies being a Communist

_____

11. he is for those who produce

_____

B. *Use the following Spanish words in a sentence.*

1. el menú

_____

2. al menos

_____

3. por tanto

_____

4. caro

_____

5. mejor dicho

_____

6. negar (ie)

_____

7. en paro

_____

8. el plato

_____

9. honrado

_____

10. pésimo

_____

C. *Answer the following questions orally.*

1. ¿Dónde ocurre esta historia? _____

_____

2. ¿Por qué es diferente este restaurante? _____

_____

3. ¿Hay facturas? _____

_____

4. ¿Qué hace el propietario al final del día? _____

_____

5. ¿Quién es el dueño? _____

_____

6. ¿Cómo se llama el restaurante? _____

_____

7. ¿Quiénes no necesitan pagar? _____

_____

8. ¿Le han tomado el pelo al dueño hasta el momento? _____

_____

9. ¿Cuál es la base de su negocio?_____

_____

10. ¿Quiénes cuentan para el dueño? _____

_____

11. ¿Qué es el menú "standard?" _____

_____

12. ¿Cuánto cuesta el menú? _____

_____

EL TESTAMENTO

el testamento last will

En un pequeño pueblo de México vive un campesino con sus tres hijos. Este campesino ya está viejo y sabe que va a morir pronto. No tiene mucho dinero; diecisiete burros son toda su hacienda. Antes de morir hace su testamento. Escribe: "Al hijo mayor doy la mitad de mi fortuna, al hijo segundo una tercera parte, y al menor una novena parte. El padre vive un año más y muere, contento de haber repartido su hacienda justamente.

el campesino farmer

la hacienda wealth
la mitad half   una tercera parte one-third
novena ninth
repartir to divide   justamente justly, fairly
enterrar to bury

Los tres hijos entierran al padre y unos días después abren el testamento según la voluntad del padre. Pero ahora los tres se encuentran con un dilema: ¿cómo repartir los diecisiete burros como lo quería el padre? Por ejemplo, ¿cómo puede tomar el mayor la mitad de diecisiete burros? Y el segundo ¿una tercera? Y ¿cómo puede recibir una novena parte el menor? Los tres hermanos están muy confundidos. No saben qué hacer.

encontrarse con to encounter

confundidos confused

Se sientan en frente de su casa y piensan. Pronto pasa un viejo sabio montado en un burro y se detiene delante de los hermanos.

sabio wise   montado riding
detenerse to stop   delante de in front of

—¿Qué les pasa?—les pregunta,—¿por qué están tan tristes? ¿Tal vez puedo ayudarlos? ¡Díganme!

díganme tell me

Entonces los tres hermanos le explican el caso y le dicen que no saben qué hacer. El sabio piensa unos minutos y luego dice:

el caso case

—Realmente esto no es gran problema; de verdad, es muy fácil.

—Pero, ¿cómo? ¿cómo?—le preguntan curiosamente los hijos. —¿Ustedes ven a mi burro allá?—les pregunta el sabio. — Tómenlo y pónganlo con los diecisiete burros de ustedes. Entonces tienen dieciocho en total. Ahora dividan su herencia de acuerdo con la voluntad de su padre y tráiganme lo que queda.

Tómenlo take it   pónganlo put it
la herencia inheritance   de acuerdo con in agreement with
tráiganme bring me
quedar to remain   asombrado astonished

Los tres hermanos están asombrados, pero hacen lo que les ha dicho. El mayor toma la mitad—nueve burros. El segundo toma una tercera parte—seis burros. Al menor le toca una novena parte —dos burros. Nueve más seis más dos son diecisiete. Queda un burro. El sabio monta este burro y lentamente continúa su viaje, después que los hermanos le han dado las gracias por su ayuda. Los hijos han repartido la herencia de su padre de acuerdo con su voluntad, y el sabio todavía tiene su burro. El problema está resuelto.

tocar a to be one's share

dar las gracias to thank

resuelto resolved

A. *Select the correct ending for each sentence.*

1. En el testamento el padre de los tres hijos escribió cómo debían repartir los burros porque
   a. los hijos querían casarse.
   b. sabía que iba a morir.
   c. quería hacer infelices a sus hijos.
   d. era muy rico.

2. Los hijos no sabían cómo repartir los burros porque
   a. no eran sabios.
   b. tenían demasiados burros.
   c. les faltaba un burro.
   d. el padre hizo un error en su testamento.

3. Según el testamento del padre
   a. debe recibir más que los otros el menor.
   b. debe recibir más burros el mayor
   c. debe recibir más que el mayor el segundo
   d. no debe recibir nada ninguno de los hijos.

4. El sabio encontró una solución y resolvió el problema de esta manera:
   a. quitó un burro de los hermanos.
   b. encontró la solución con la ayuda de las matemáticas.
   c. prestó su burro al padre.
   d. dio dos burros a los hermanos.

5. Al fin del cuento se puede decir que
   a. los hijos han recibido menos de lo que su padre quería.
   b. el sabio no era sabio.
   c. los hermanos han perdido un burro.
   d. todo fue repartido correctamente.

B. *Answer verdad or falso.*

_____ 1. El padre no tiene mucho dinero.

_____ 2. El padre vende los burros.

_____ 3. El padre escribe un libro.

_____ 4. El menor recibe más que el mayor.

_____ 5. El segundo no recibe nada.

_____ 6. El sabio no sabe resolver el problema.

_____ 7. El sabio resuelve el problema con la ayuda de las matemáticas.

_____ 8. El sabio recibe un burro por su servicio.

_____ 9. Los hermanos no son tan inteligentes como el sabio.

_____ 10. Los hermanos no le dan las gracias, porque están enojados con él.

C. *Answer the following questions in Spanish.*

1. ¿En qué país viven los hermanos y su padre? _____

   _____

2. ¿Por qué se encuentran los hermanos con un dilema? _____

   _____

3. ¿A quién encuentran los hermanos delante de su casa? _____

   _____

4. ¿Cuántos burros recibe cada uno de los hermanos al fin del cuento? _____

   _____

5. ¿Están contentos todos con la solución del problema? _____

   _____

6. ¿Por qué escribe un testamento el padre? _____

   _____

7. ¿Quién recibe más burros? _____

   _____

8. ¿Quién recibe menos burros? _____

   _____

9. ¿Qué hace el sabio al fin del cuento? _____

   _____

10. ¿Era rico el padre de los hermanos? _____

    _____

D. *Complete the following sentences.*

1. _____ *(Before dying)* hace su testamento.

2. No conozco al _____ *(youngest son).*

3. El hijo mayor recibe _____ *(half of the fortune).*

4. Abren el testamento _____ *(according to the will)* del padre.

5. Dicen que no sabe _____ *(what to do).*

6. El menor debe recibir _____ *(a ninth part).*

7. _____ *(Remains)* un burro.

8. Los hermanos están sentados _____ *(in front of*)* la casa.

9. Los tres hermanos _____ *(explain the case to him).*

10. Cuando oyen eso, los hermanos _____ *(are very astonished).*

———

*Two ways.

COSAS POR CONTI

Era una preciosa camisa de fibra sintética.
Desoyendo consejos de parientes y amigos, la
compró y se la puso. La electricidad
estática le dejó frito.

precioso exquisite   **la fibra** fiber
desoír to ignore   **los consejos** advice

estática static   **frito** fried

horóscopo

Las estrellas no mienten

la estrella star   **mentir** to lie

CAPRICORNIO: Regido por Saturno (nacidos del 22 de diciembre al 19 de enero).

Es Ud. buen negociante y bastante materialista. Persigue lo que quiere con gran concentración. Tiene Ud. éxito en el amor. Posee gran sentido de humor y tendrá una vida feliz.

regido ruled   **nacido** born

bastante fairly, rather   **perseguir** to pursue   **tener éxito** to be successful
poseer to possess   **el sentido de humor** sense of humor

ACUARIO: Regido por Urano (nacidos del 20 de enero al 18 de febrero).

Es Ud. muy comprensivo y siente compasión hacia los seres humanos. Ama Ud. a todos y el amor a una sola persona le es imposible. Es Ud. romántico, poético e inteligente.

comprensivo understanding   **hacia** toward   **el ser humano** human being
una sola persona a single person

PISCIS: Regido por Marte (nacidos del 19 de febrero al 20 de marzo).

Es Ud. tímido y misterioso, incluso complicado. Desea el amor y una existencia estable y segura. Prefiere Ud. el amor a la comida. También, es Ud. paciente.

Marte Mars

incluso even, including   **complicado** complex
estable stable   **seguro** secure, sure

ARIES: Regido por Marte (nacidos del 21 de marzo al 19 de abril).

Es Ud. un optimista feliz. Emprende más de lo que puede llevar a cabo. También es Ud. un poco impulsivo. Necesita una pareja con gran sentido de humor. Con su energía enorme debe hacerse cirujano o dentista. Siente mucho entusiasmo por todo.

emprender to undertake
llevar a cabo to carry out
la pareja marriage partner
hacerse to become   **el cirujano** surgeon

TAURO: Regido por Venus (nacidos del 20 de abril al 20 de mayo).

Es Ud. muy persistente y le encantan los detalles. Respeta la tradición y es muy práctico. Ud. no es muy sensitivo, pero sí es realista. Tiene Ud. mucho encanto. Le gustaría casarse.

encantar to delight   **el detalle** detail
respetar to respect
el encanto charm   **casarse** to marry

GEMINIS: Regido por Mercurio (nacidos del 21 de mayo al 20 de junio).

Tiene Ud. mucho talento y una gran habilidad inventiva. Sabe Ud. conversar bien. En realidad, Ud. es dos personas en una. Quiere sólo a los individuos intelectuales. Le gusta estudiar mucho y a menudo. El dinero no le importa demasiado.

la habilidad ability

a menudo often   **demasiado** too much

CÁNCER: Regido por la luna (nacidos del 21 de junio al 22 de julio).

Necesita Ud. una vida segura. Es Ud. sensitivo y a veces misterioso. Busca contínuamente a la pareja ideal porque le hace falta un buen matrimonio para llevar una vida feliz.

la luna moon

hacer falta to be lacking

L E O: Regido por el sol (nacidos del 23 de julio al 22 de agosto).

Es Ud. un líder; se destaca. También es fiel y simpático. Le gusta llamar la atención y ser admirado; es Ud. egocéntrico. Es apasionado en el amor. Trabaja mucho y podría ser un profesor excelente.

el sol sun

el líder leader   **destacarse** to stand out
fiel faithful, loyal   **simpático** nice, attractive
llamar la atención to attract attention
apasionado passionate

VIRGO: Regido por Mercurio (nacidos del 23 de agosto al 22 de septiembre).

Prefiere Ud. la perfección y cada detalle tiene que ser correcto. Es buen compañero, sobre todo en el matrimonio. No piensa Ud. que el sexo opuesto sea despreciable, sino todo lo contrario. Tiene Ud. buen gusto en el arte y en la música. Es Ud. "gourmet." El otro sexo no puede resistir su encanto.

opuesto opposite   **despreciable** to be scorned   **todo lo contrario** just the opposite
buen gusto good taste

LIBRA: Regido por Venus (nacidos del 23 de septiembre al 22 de octubre).

Cada aspecto de su vida está bien ordenado. Es Ud. fiel y simpático. No le gusta herir los sentimientos de los otros. Sus amores son regidos por la razón y no por el corazón. Debe hacerse diplomático. Le gusta la elegancia. Tiene Ud. gran encanto.

ordenado in order, organized
herir to hurt, to wound
la razón reason   **el corazón** heart

ESCORPIÓN: Regido por Plutón (nacidos del 23 de octubre al 21 de noviembre).

¡Nunca se da por vencido! Todo lo que comienza, lo lleva a cabo con entusiasmo y energía. No perdona errores fácilmente. No tiene tanto éxito en los amores porque es Ud. extremista en todo. Tiene mucha vitalidad y una filosofía realista. Tendrá Ud. mucho éxito como agente de bolsa.

darse por vencido to give up

la vitalidad vitality
el agente de bolsa stockbroker

SAGITARIO: Regido por Júpiter (nacidos del 22 de noviembre al 21 de diciembre).

Tiene Ud. mucha suerte. Es optimista y sabio. Ud. es directo y honrado pero a veces se impacienta y se enoja. En los amores prefiere lo intelectual a lo emotivo. Le gustaría viajar por todos los países del mundo.

tener suerte to be lucky
impacientarse to get impatient
   enojarse to get angry
lo intelectual the intellectual   **lo emotivo** the emotional

A. *Cast your horoscope in Spanish by putting the sentences from your sign in the first person; i.e., yo soy . . . or tengo . . . , etc. Do the same for a friend.*

B. *Complete the following sentences.*

1. Un Capricornio es _____.

2. Para alguien nacido bajo el signo de Acuario el amor hacia una sola persona es _____
_____.

3. En general el Piscis parece _____.

4. El Aries es una persona _____.

5. A un Tauro le gustaría _____.

6. Los Géminis quieren sólo a _____.

7. A un Cáncer le hace falta _____.

8. En el amor el Leo es _____.

9. El otro sexo no puede resistir el _____ del Virgo.

10. Un Libra debe _____.

11. El Escorpión tiene una filosofía _____.

12. En los amores el Sagitario prefiere _____.

C. *Circle the correct answer.*

1. El Pisces es siempre
   a. católico.
   b. paciente.
   c. entusiasmado.
   d. sencillo.

2. Un Acuario generalmente es
   a. casado.
   b. poético e inteligente.
   c. estúpido.
   d. guapo.

3. Un Leo sería un excelente
   a. profesor de español.
   b. diplomático.
   c. negociante.
   d. cirujano.

4. Al Sagitario le gusta
   a. viajar por todos los países del mundo.
   b. telefonear.
   c. comparar.
   d. correr.

5. El Escorpión es demasiado
   a. pequeño.
   b. persistente.
   c. extremista.
   d. inteligente.

Pablo Picasso's Guernica *(1937, May–early June).*
Oil on canvas 11' 5 1/2" × 25' 5 3/4". On extended loan to the Museum of Modern Art, New York, from the artist.

EL FIN DEL MUNDO

Era el año 1980. Un día durante 1980 se acabó el mundo y con esto, la humanidad. Por mucho tiempo las superpotencias habían tratado de resolver sus problemas pacíficamente, pero no podían llegar a un acuerdo. Entonces estalló una guerra terrible. Al principio fue una guerra guerrillera, pero siguió creciendo y pronto se hizo una guerra total. Todos trataron de aniquilar al enemigo con armas atómicas. Y así pasó.

acabarse to come to an end
la superpotencia super-power
habían tratado had tried
el acuerdo agreement **estallar** to break out
crecer to grow
hacerse to become **aniquilar** annihilate

Un sábado de mayo del año 1980 parecía que no quedaba un ser vivo en toda la tierra. Pero ocurrió un milagro. En una pequeña ciudad de los Estados Unidos sobrevivía un hombre— un solo hombre. Por error lo habían encerrado dentro de una caja de caudales de un banco. La caja tenía un mecanismo que abría la puerta automáticamente los lunes. Y de esa manera sucedió que quedaba un hombre vivo en la tierra.

el ser being **vivo** living **el milagro** miracle
sobrevivir to survive
habían encerrado he had been locked up
la caja de caudales bank vault
suceder to happen

Este lunes se abrió la puerta de la caja y salió el hombre. Se asombró de que no quedara vivo nadie. Sólo más tarde entendió que la radio-actividad había matado a todas las criaturas y parecía que él era el único que quedaba vivo.

asombrarse to be astonished
había matado had killed **la criatura** living creature

El hombre tenía unos cuarenta años. Ya tenía muchas canas y en la nariz llevaba gafas gruesas. Sin gafas estaba casi completamente ciego. Se dio cuenta que estaba solo. ¿Qué podía hacer? Le gustaba leer y siempre se había interesado por libros buenos. Fue a la biblioteca de la ciudad para buscar unos libros.

la cana gray hair
las gafas glasses **grueso** thick
ciego blind
se había interesado por had been interested in
la biblioteca library **buscar** to look for

Primero escogió *Guerra y paz* de Tolstoy, después la *Biblia*, y *El paraíso perdido* de Milton y por fin *Don Quijote* de Cervantes. Sabía que ahora tenía mucho tiempo. Quería leer todo. Tomó sus libros y salió. Se dio prisa. Estaba casi alegre porque estos libros eran como amigos nuevos. Ahora no se sentía tan solo.

escoger to choose
el paraíso paradise

darse prisa to hurry
sentirse to feel

Cuando salió de la biblioteca, tuvo un accidente terrible: tropezó en la escalera—sus libros y sus gafas cayeron a la calle; los lentes de las gafas se rompieron en cien pedazos.

tropezar to stumble
los lentes lenses **romper** to break **el pedazo** piece

Sin gafas no podía leer!

A. *Complete the following statements by circling the appropriate answers.*

1. La terrible guerra empezó en el año 1980 _____.
   a. aunque no tenían bastantes bombas
   b. porque no podían resolver pacíficamente los problemas del mundo
   c. porque eran amables los "superpotencias"
   d. porque la humanidad amaba la paz

2. La guerra con armas atómicas había aniquilado _____.
   a. la caja de caudales del banco
   b. la biblioteca
   c. todas las criaturas menos un hombre
   d. las gafas del hombre

3. Un hombre quedaba vivo el lunes después de la guerra _____.
   a. porque lo habían encerrado dentro de una caja de caudales de un banco
   b. porque vivía fuera del país
   c. porque vivía en una ciudad pequeña de los Estados Unidos
   d. porque quería vivir solo

4. Después de la guerra el hombre trató de hacer algo. El _____.
   a. escribió un libro
   b. fue a la biblioteca a buscar unos libros
   c. trabajó en el banco
   d. quería escuchar música buena

5. Las consecuencias del accidente del cuento eran: _____.
   a. que el hombre quería volver a la caja de caudales del banco
   b. que tenía que leer ahora un libro acerca de las gafas
   c. que tenía que vivir siendo casi ciego
   d. que había encontrado un amigo

B. *Answer verdad or falso.*

_____ 1. Las "superpotencias" del mundo empezaron una guerra atómica.

_____ 2. La guerra empezó porque no se podían resolver los problemas pacíficamente.

_____ 3. Al principio la guerra era pequeña.

_____ 4. Las armas atómicas destruyeron el mundo.

_____ 5. El hombre, que estaba vivo, estaba dentro de una caja de caudales de un banco durante el fin de semana.

_____ 6. La puerta de la caja de caudales se abrió automáticamente.

_____ 7. La radio-actividad mató a las criaturas.

_____ 8. El hombre era muy viejo.

_____ 9. Tenía que usar gafas porque podía ver muy bien.

_____ 10. Cuando uno quiere leer libros, se va a una caja de caudales.

_____ 11. Los lentes de las gafas se rompieron cuando cayeron a la calle.

C. *Complete the following sentences by consulting the story to find the correct Spanish translation for the words in parentheses.*

1. _____ *(At the beginning)* fue una guerra guerrillera.

2. La guerra _____ *(got bigger and bigger)*.

3. La guerra terminó _____ *(on a Saturday in May of 1980)*.

4. La puerta _____ *(opened)* el lunes.

5. _____ *(He realized)* que estaba solo.

6. En este año tenía _____ *(about forty)* años.

7. _____*(I am interested in)* buenos libros.

8. Las gafas _____ *(broke)* en cien pedazos.

D. *Answer the following questions in Spanish.*

1. ¿Cuándo empezó la guerra atómica? _____

_____

2. ¿Por qué se pelearon los países? _____

_____

3. ¿Cómo empezó la guerra atómica? _____

_____

4. ¿Qué clase de milagro ocurrió? _____

_____

5. ¿Dónde vivía el hombre? _____

_____

6. ¿Dónde se puede encontrar una caja de caudales?_____

_____

7. ¿Cuándo se abrió la puerta de la caja de caudales del banco? _____

_____

8. ¿Qué mató a todas las criaturas? _____

_____

9. Describa al hombre. _____

_____

10. ¿Por qué fue a la biblioteca? _____

_____

11. ¿Qué libros escogió el hombre en la biblioteca? _____

_____

12. ¿Qué accidente tuvo el hombre? _____

_____

13. ¿Por qué necesitaba gafas el hombre? _____

_____

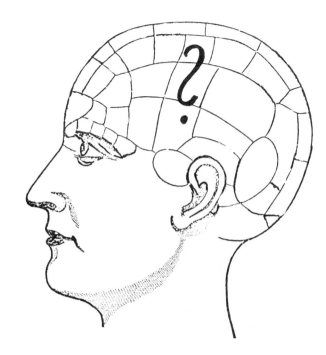

¿ES UD. NEURÓTICO?

Hoy día la mayoría de la gente se considera a sí misma muy inteligente y cree al mismo tiempo que los demás están neuróticos o medio locos. Así que, seguramente, habrá muchas personas que le consideren a Vd., estimado lector, sí, a Vd. mismo, como perturbado mental e incluso como un caso patológico. Esta pequeña prueba que presentamos a continuación puede ayudarle a determinar exactamente hasta qué grado sufre Ud. de una "enfermedad mental." Subraye la respuesta que le parezca más apropiada y ponga el número de esta respuesta en el cuadrado designado para ello.

la mayoría majority   **a sí misma** themselves
mismo same *(before noun),* self *(after noun)*   **los demás** the others
medio half   **así que** so   **seguramente**
5   certainly   **habrá** there must be
estimado esteemed
el perturbado disturbed person
la prueba test   **a continuación** following
el grado degree
10 **subrayar** underline   **la respuesta** answer
el cuadrado square
ello it

1. Olvido los nombres de mis conocidos _____.
    1. siempre
    2. a veces
    3. casi nunca
    4. nunca

el conocido acquaintance

2. Llego a una cita _____.
    1. siempre tarde
    2. a veces tarde
    3. en punto
    4. siempre temprano

la cita appointment, date

3. Echo maldiciones _____.
   1. por lo menos una hora diaria
   2. cuando estoy enojado
   3. sólo cuando estoy con amigos
   4. nunca

   echar maldiciones to curse
   por lo menos at least

4. Hago mis tareas de español _____.
   1. nunca
   2. rara vez
   3. casi siempre
   4. siempre como mandado

   la tarea homework

   mandado ordered

5. Al hablar _____.
   1. siempre hablo sin pausa
   2. me gusta mucho hacerlo en voz alta
   3. trato de ser sucinto
   4. siempre contesto a todas las preguntas
      exactamente

   sucinto to the point

6. Olvido mis sueños _____.
   1. siempre
   2. a veces
   3. casi nunca
   4. nunca

7. Mis tareas de español _____.
   1. están llenas de errores
   2. son originales, pero irregulares
   3. están bastante bien y son extensivas
   4. están casi sin errores

   lleno full

8. Tengo conocidos que _____.
   1. piensan que soy raro
   2. no me quieren
   3. frecuentemente buscan mi consejo
   4. me consideran un líder

   buscar consejo to ask for advice

9. Llevo a cabo mis planes _____.
   1. nunca
   2. si es preciso
   3. casi siempre
   4. siempre

   ser preciso to be necessary

10. Pierdo mis cosas _____.
    1. muchas veces
    2. a veces
    3. de vez en cuando
    4. jamás

    de vez en cuando from time to time

11. Pienso que en el fondo soy _____.
    1. una persona intuitiva
    2. sentimental
    3. realista
    4. materialista □

en el fondo at heart

12. El destino juega en mi vida _____.
    1. un papel grande
    2. un papel importante
    3. un papel pequeño
    4. ningún papel □

el papel role

13. Trece es _____.
    1. un número mágico
    2. un número raro
    3. la suma de 6 y 8
    4. la suma de 7 y 6 □

14. Mis padres me educaron _____.
    1. muy liberalmente
    2. de manera completamente normal
    3. con disciplina
    4. muy estrictamente □

15. Esta prueba _____.
    1. no tiene ni pies ni cabeza
    2. es superficial
    3. es interesante
    4. probablemente no tiene valor □

ni pies ni cabeza sense

el valor value

Resultados:

Compare ahora la suma de sus respuestas con el análisis categórico que sigue:

15–20 puntos
Tiene usted tendencias indudablemente esquizofrénicas, se siente lejos de la vida, y piensa que sus pensamientos interiores son el aspecto más importante de su vida. Debería emplear menos fantasía y participar más en cosas activas.

21–30 puntos

Es usted un poco neurótico, pero también muy original en su trabajo y vivaz en sus contactos sociales. Debería seguir sus deseos y tratar de hacerse artista, maestro, profesor o actor.

vivaz lively

31–40 puntos

Es usted horriblemente normal. Puede burlarse de los otros con una conciencia pura, mirar la televisión, convertirse en un aficionado a los deportes. Debe casarse a una edad temprana, tener muchos hijos, y seguir tranquilamente su empleo, porque usted o es un hombre ecuánime o sabe mentir muy bien, y en ambos casos seguramente va a tener mucho éxito en la vida.

burlarse de to make fun of **convertirse en** to become

el deporte sport **la edad** age

ecuánime serene **ambos** both

41–50 puntos

Tiene usted tendencia a convertirse en hombre de obligaciones. La sociedad puede confiar en hombres como usted. Sin duda va usted a tener éxito en la vida. La gente va a tener confianza en usted porque sabe que usted es lógico, amante de la verdad, metódico, aunque un poco obstinado y consciente de sus motivos.

confiar en to depend on
la confianza confidence, trust
el amante lover

51–60 puntos

Es posible que usted sufra de paranoia. Es usted un poco mecánico en su trabajo, decente, exacto, inflexible, y demasiado organizado. No tiene usted confianza en los otros, pero porque usted tiene tanta energía, es probable que sus sueños acaben por convertirse en realidad pero sin alegría, y nunca va a gozar de la vida como la gozan los hombres ingenuos.

la alegría joy **gozar** to enjoy
ingenuo naive

61–75 puntos

No es usted muy bueno en matemáticas, porque en esta prueba sólo se puede llegar a 60 puntos. O es usted retrasado mental o profesor de matemáticas o barrendero en Las Vegas. O llegará usted a ser rico un día o va a pasar su vida en la cárcel o en la escuela primaria.

el barrendero sweeper

EL SUEÑO SALVADOR

salvador of rescue

En un viejo hotel de México un joven duerme muy inquietamente. Tiene una pesadilla siniestra. En sus sueños se ve delante de una caja gigantesca y negra. Le da un escalofrío, y empieza a sudar. Del interior de la caja salen gemidos y lamentos y un alboroto espectral. De repente siente que la caja está llena de gente, y cuando piensa en esto, tiene otro escalofrío. Luego, una tabla de la caja se rompe con un crujido y un viejo esquelético vestido de negro sale lentamente, levanta la mano y dice: — Tenemos sitio para usted, señor. El joven retrocede, mira al viejo esquelético sin hablar y se despierta. Asustado y cubierto de sudor piensa en esta pesadilla por horas hasta que por fin hacia la mañana se duerme otro ratito.

Se levanta un poco tarde y pide el desayuno en su cuarto. Queda pensativo y un poco soñoliento. Se sienta cerca de la ventana del piso noveno. Bebe lentamente una taza de café, pica en su bollo y vuelve a ver este cuadro horrible de su sueño. Está sentado delante de la ventana por largo rato y cuando por fin mira su reloj, se da cuenta de que va a llegar tarde a una cita importante. Rápidamente hace una llamada por teléfono, cambia la cita para media hora más tarde, se afeita, se viste rápidamente y sale corriendo. Cuando está delante del ascensor se da cuenta de que ha salido de su cuarto sin su cartera con papeles importantes. A pesar de ser ya tan tarde, toca el botón del ascensor, corre a su cuarto, saca la cartera, cierra la puerta otra vez. Oye al fondo el susurro del ascensor que llega. Ahora tiene un momento. Vuelve en sí y se pregunta si tiene todo lo que necesita. Mira la puerta del ascensor. Cuando se abre, se le ocurre al joven que es del tamaño de la caja de su sueño y también negro. La puerta del ascensor está abierta ahora y el joven ve que está lleno de gente. La gente está silenciosa y apretada. De en medio sale lentamente el mozo del ascensor. ¡Pero no es un joven!

Es un viejo huesudo en un traje negro. Lentamente levanta la mano y dice: —Tenemos sitio para usted, señor.

Pero el joven se queda en su lugar como si estuviera clavado. ¡Es el viejo esquelético de su pesadilla! Los dos se miran por largo rato y de manera sobrenatural, hasta que por fin el viejo vuelve al ascensor y cierra la puerta. El joven sigue en el pasillo, pálido, cubierto de sudor, sin habla. De repente hay un gran ruido— gritos terribles le sobresaltan; parece que todo el hotel tiembla— incluso algunos cuadros caen de las paredes.

inquietamente restlessly   **la pesadilla** nightmare   **siniestra** sinister
la caja box   **el escalofrío** shiver
sudar to perspire, to sweat   **el gemido** groan
el lamento sigh   **el alboroto** clatter
espectral ghostly
el crujido creak
esquelético like a skeleton
el sitio place   **retroceder** to step back
asustado frightened   **cubierto** covered
el sudor sweat   **hacia** towards

pensativo pensive   **soñoliento** sleepy
el piso floor   **noveno** ninth   **picar** to nibble   **el bollo** hard roll
volver a to do again
la cita appointment
la llamada call   **cambiar** to change
afeitarse to shave   **se viste (vestirse)** to dress
el ascensor elevator
la cartera briefcase
a pesar de in spite of   **tocar** to press, to ring
al fondo at or to the bottom
el susurro whisper
volver en sí to collect himself
se le ocurre it occurs to him   **el tamaño** size

apretado close together
el mozo boy

huesudo bony

como si estuviera as if he were
clavado nailed

el pasillo hall
pálido pale   **sin habla** speechless
sobresaltar to startle   **temblar** to tremble
el cuadro picture   **la pared** wall

49

Más tarde descubren que el cable del ascensor se rompió, y que 40
el ascensor, con toda la gente dentro, se precipitó al fondo, muriendo todos sus ocupantes.

precipitarse to hurtle
muriendo dying

A. *Answer the following questions in Spanish.*

1. ¿Dónde duerme el joven una noche? _____

_____

2. ¿Dónde se ve en su pesadilla? _____

_____

3. ¿Qué salen del interior de la caja? _____

_____

4. ¿Qué siente de repente? _____

_____

5. ¿Quién sale de la caja? _____

_____

6. ¿Qué dice el viejo del traje negro? _____

_____

7. ¿Cómo reacciona el joven al oír las palabras del viejo? _____

_____

8. ¿Qué toma el joven para el desayuno la mañana siguiente? _____

_____

9. ¿Qué vuelve a ver mientras toma el desayuno? _____

_____

10. ¿Por que hace rápidamente una llamada por teléfono? _____

_____

11. ¿Qué ha olvidado en su cuarto? _____

_____

12. ¿Qué oye abajo mientras cierra la puerta? _____

_____

13. ¿Qué se le ocurre al joven cuando se abre la puerta del ascensor? _____

_____

14. ¿Cómo está la gente dentro del ascensor? _____

_____

15. ¿Quién sale del ascensor? _____

_____

16. ¿Qué dice el viejo esquelético? _____

_____

17. ¿Qué recuerda el joven cuando mira al viejo del ascensor? _____

_____

18. ¿Entra en el ascensor o no? _____

_____

19. ¿Cómo se siente el joven en el pasillo? _____

_____

20. ¿Qué oye el joven de repente? _____

_____

21. ¿Qué pasó? _____

_____

B. *Write out correct Spanish sentences using the following phrases from the story. The word order is correct, but you will be required to supply the correct verb forms and the endings of adjectives, insert prepositions, and so on.*

1. Un—— joven / dormir / inquiet——.

_____

2. El / se ver / caja gigantesc—— y negr——.

_____

3. Le dar / escalofrío y / empezar / sudar.

_____

4. Salir / un—— viejo esquelétic—— / vestid—— / negro.

_____

5. El / pensar / est—— pesadilla / horas.

_____

6. fin / la mañana / dormirse / otr—— ratito.

_____

7. El / afeitarse / vestirse rápidamente / y salir / corriendo.

_____

8. El joven / mirar / la puerta / ascensor.

_____

9. Se pregunta si / tiene / todo / necesita.

_____

10. La gente / estar / silencios—— / y apretad——.

_____

LA CONTAMINACIÓN ATMOSFÉRICA

IVA

The Spanish-speaking world is suffering from problems of pollution just as we are. The smog of Mexico City matches and even surpasses New York's. Iva, a well-known Spanish cartoonist, has created the following fable without moral, or so he says. What do you think?

Dicho

éranse once upon a time
insensato stupid
comodona comfort-loving
afanosamente with heart and soul
importar un bledo to matter a bit
polutar to pollute
hecho made
me da la gana I feel like
¿pasa algo? wanna make something of it?
to' = **todo** all
luego therefore
megu megu chug chug

Visto

el hombre sabio wise màn
el chofer chauffeur
la limosina limousine
emitir to emit
el humo smoke
satisfecho satisfied

Dicho

hete behold, look
el culpable guilty one
obras works
huelen (oler) they smell **olerán** they must smell
el desgraciado miserable person
a saber I wonder
pos = pues well
descuidar to be careless, to forget
el desodorante deodorant

Visto

el patrón boss
el obrero worker
la boina beret
cavar to dig
la pala shovel
el sombrero de copa alta high hat

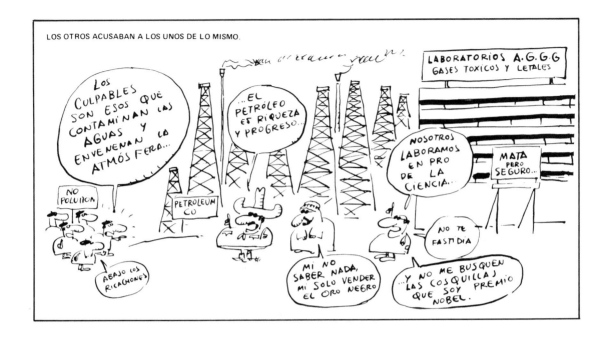

Dicho

envenenar to poison
el ricachón very rich man
la riqueza wealth
el oro negro black gold, oil
en pro for
fastidiarse to get upset
buscar las cosquillas to bother, to pick on
el premio prize
mata pero seguro it kills for sure

Visto

el pozo de petróleo oil well
el letrero sign
el fondo background
el tejano Texan
el árabe Arab
el científico scientist
la fábrica factory

Dicho

el microbio microbe, germ
gordo fat
usté = usted
raro strange
el garganchón windpipe
la mili = **la milicia** army
procurar to try
remediar to remedy, to cure
chocar to run up against, collide
el seiscientos type of car (600 cc)
el filtro filter
la bencina gasoline
gastar to spend

Visto

la pantalla screen
el rayo equis X-ray
el esqueleto skeleton
el hueso bone
la chimenea chimney

Dicho

dejarse ir to be allowed to go
sucumbir to succumb
bajo under

Visto

la nube cloud
el monstruo monster
la colina hill
el suburbio suburb
escaparse to escape
cubrir to cover
el árbol tree

Dicho

la fibra fiber
el complejo complex
aumentar to increase

Visto

el casco helmet
el palo stick
la careta antigás gas mask
la muchedumbre crowd
la bomba bomb

Dicho

ponerse de acuerdo to agree
la moraleja moral, point
por ello for that reason

Visto

poner fin a to put an end to

A. *Answer the questions about each of the cartoons. Add more than what the question calls for, if you like.*

1. En el primer cuadro ¿quiénes polutan y cómo polutan? _____

   _____

2. En el segundo cuadro ¿cómo son los pobres? ¿Cómo son los ricos? _____

   _____

3. En el tercer cuadro ¿qué ve Ud. en el fondo? ¿Quiénes hablan? _____

   _____

4. En el cuarto cuadro ¿quiénes están hablando del hombre y de sus microbios? _____

   _____

5. En el quinto cuadro ¿por qué no quieren remediar el problema ni el pobre ni el rico? ¿Es típico esto en los Estados Unidos también? _____

   _____

6. En el sexto cuadro ¿qué forma tiene la polución? ¿Qué dice el primer letrero?_____

   _____

7. En el séptimo cuadro ¿cuáles son los dos grupos que pelean? _____

   _____

8. ¿Tiene moraleja este cuento? _____

   _____

B. *Describe each picture, using the vocabulary under the Visto column.*

C. *Choose the best ending for each sentence.*

1. Polutaba(n) _____.
   a. el rico y el pobre
   b. el rico solamente
   c. el pobre solamente

2. Los ricos acusan a los obreros de _____.
   a. trabajar demasiado
   b. descuidar de ponerse el desodorante
   c. oler mal

3. Los pobres acusan _____.
   a. al árabe rico, al científico y al tejano rico
   b. a las compañías petroleras
   c. a las compañías de minas

4. El científico dice que no le busquen las cosquillas porque _____.
   a. es inocente
   b. es Premio Nobel
   c. es culpable

5. Cuando los médicos estudian las enfermedades raras de la gente descubren _____.
   a. microbios raros
   b. la milicia
   c. el gordo

6. El rico no va a poner filtro antipolución porque _____.
   a. cuesta mucho
   b. es demasiado difícil
   c. porque los otros no lo hacen

7. En la zona residencial _____.
   a. los pobres no deben irse a casa
   b. todo está bien
   c. viene la polución

8. En la manifestación la policía _____.
   a. corre tras la muchedumbre
   b. huye de la muchedumbre
   c. no hace nada

9. El hombre sabio dice al final que _____.
   a. estamos perdidos
   b. si no nos ponemos de acuerdo, el cuento puede tener un fin terrible
   c. es un cuento inmoral

César Chávez con la bandera de su unión

EL PLAN DE DELANO

LUIS VALDEZ

El Plan de Delano is a manifesto for the United Farm Workers' movement. The deep sincerity and human striving of this movement are expressed simply and eloquently, as are all great human feelings. It has the dignity of the Declaration of Independence, whose purpose it closely resembles. Point 1 states that this is a "Plan for the liberation of the Farm Workers associated with the Delano Grape Strike in the State of California, seeking social justice for farm labor by those reforms that they believe necessary for their well-being as workers in these United States."

2. Este es el comienzo de un movimiento social de hechos, no de meras palabras. Luchamos por nuestros fundamentales derechos, que Dios mismo nos ha concedido, como seres humanos que somos. Porque hemos sufrido para sobrevivir, y porque no nos asusta el sufrimiento, estamos dispuestos a darlo todo, incluso nuestras vidas, en la lucha por la justicia social. Lo vamos a hacer sin violencia, porque ése es nuestro destino. A los rancheros y a cuantos se oponen a nuestra *Causa* les repetimos las palabras de Benito Juárez: "El respeto al derecho ajeno es la paz."

el hecho deed
mero mere **la palabra** word **luchar** to fight
el ser being
sobrevivir to survive
5 **asustar** to frighten

cuantos all those who **oponerse a** to oppose
Benito Juárez president of Mexico and reformer (1806–72) **ajeno** of others

5. Sufriremos ahora con objeto de acabar con la pobreza, la
miseria y la injusticia; con la esperanza de que nuestros hijos no
sean explotados como nosotros lo hemos sido. Nos han impuesto
el hambre, pero ahora tenemos hambre de justicia. Sacamos fuerzas de la misma desesperación en que se nos ha forzado a vivir.
¡Resistiremos!

6. Iremos a la huelga. Llevaremos a cabo la revolución que nos
hemos propuesto hacer. Somos hijos de la Revolución Mexicana,
una revolución del pobre que pedía pan y justicia. Nuestra revolución no será armada; pero sí pedimos que desaparezca el presente
orden social. Queremos un nuevo orden social. Somos pobres,
somos humildes. Nuestro único recurso es ir a la huelga en aquellos ranchos donde no se nos trata con el respeto que merecemos
como hombres trabajadores, donde no son reconocidos nuestros
derechos como hombres libres y soberanos.

7. No queremos el paternalismo del ranchero; no queremos
contratistas; no queremos caridad al precio de nuestra dignidad.
Queremos igualdad con los patrones y con todos los trabajadores
de la nación; queremos salarios justos, mejores condiciones de
trabajo y un porvenir decente para nuestros hijos. A los que se
nos oponen, sean ellos rancheros, policías, políticos, o es-
peculadores, les decimos que continuaremos luchando hasta
morir o hasta vencer. ¡Triunfaremos!

8. Por todo el Valle de San Joaquín, por toda California, por
todo el suroeste de los Estados Unidos; allí donde hay gente
mexicana, allí donde hay obreros del campo, nuestro movimiento
se extiende ya como voraz fuego en reseca llanura. Nuestra peregrinación es la mecha que encenderá nuestra *Causa*. Así verán
todos los obreros del campo lo que aquí está pasando, y se decidirán a hacer lo que nosotros hemos hecho. ¡Ha llegado la hora de
la liberación del pobre obrero del campo! Así lo dispone la historia.

¡Que siga la huelga! ¡Viva la huelga!
¡Viva la causa! ¡Viva César Chávez!
¡Viva la Virgen de Guadalupe!

10 **acabar con** to finish off

explotado exploited **impuesto**
imposed

la fuerza strength

15

proponer to propose **la Revolución**
Mexicana revolution of 1910

desaparezca disappear *(subjunctive)*

20 **el orden** order

humilde humble **único** only **el**
recurso recourse

se nos trata we are treated

soberano sovereign, controlling one's
own destiny

25 **el contratista** man who recruits
farmworkers and writes up their
contracts
el patrón boss, owner
el porvenir future

30 **sean** whether they be

vencer to conquer

el suroeste southwest

35 **voraz** voracious **reseca** dry **la llanura**
plain
la peregrinación pilgrimage, wandering
la mecha wick
el obrero worker
40 **disponer** to dispose, arrange

que siga may continue
la huelga strike
la Virgen de Guadalupe the Virgin of
Guadalupe, patron saint of Mexico

A. *Change the verbs in the following sentences from future to present tense. Write the new form above*
the old one.

1. *Sufriremos* ahora con objeto de acabar con la pobreza.

2. ¡*Resistiremos!*

3. *Iremos* a la huelga.

4. *Llevaremos* a cabo la Revolución.

5. Nuestra revolución no *será* armada.

6. *Continuaremos* luchando hasta morir.

7. *Triunfaremos.*

8. Así *verán* todos los obreros del campo lo que aquí está pasando.

9. Nuestra peregrinación es la mecha que *encenderá* nuestra Causa.

10. Se *decidirán* a hacer lo que nosotros hemos hecho.

B. *Answer the following questions.*

1. En el párrafo dos ¿por qué luchan los obreros del campo en California? _____

_____

2. ¿Cómo van a luchar? _____

_____

3. En el párrafo cinco ¿qué esperanza tienen?_____

_____

4. En el párrafo seis ¿qué otra revolución los ha inspirado? _____

_____

5. ¿Qué quieren que es nuevo? _____

_____

6. En los ranchos ¿qué van a hacer?_____

_____

7. En el párrafo siete ¿qué quieren específicamente? _____

_____

8. ¿Qué van a decirles a los que se oponen a ellos? _____

_____

9. ¿Dónde va a tener lugar el movimiento según el párrafo ocho? _____

_____

10. ¿Con qué se compara su movimiento? _____

_____

11. ¿Quién es el líder de su movimiento? _____

_____

12. ¿Quién es la santa patrona de México? _____

_____

13. ¿Qué palabras o frases breves usan para expresar sus sentimientos? _____

_____

14. ¿Sobre qué están basados sus derechos? _____

_____

15. ¿Por qué no tienen miedo al sufrimiento? _____

_____

C. *Write a summary of the most important points in the Plan of Delano. You can list them, but be sure to use your own words. You should have at least eight.*

1. _____

2. _____

3. _____

4. _____

5. _____

6. _____

7. _____

8. _____

¡VIVA HUELGA EN GENERAL!

LETRA POR LUIS VALDEZ

El Plan de Delano expresses on a formal and serious level the spirit which appears in the song below. It is frequently sung at meetings in towns and cities, and in the field. The social commentary is acute; all those who know migrant and farm labor, recognize the conditions the author describes. The song is a popular one—lively, humorous, and rousing—and does not pretend to be literature. Notice the two refrains—one short and rhythmic, the other like a national anthem.

Viva Huelga en General

Viva Huelga en General

Hasta México ha llegado
la noticia muy alegre
que Delano es diferente

Pues el pueblo ya está en contra
los rancheros y engreídos 5
que acababan con la gente

Y como somos hermanos
la alegría compartimos
con todos los campesinos

Viva la Revolución 10
Viva nuestra Asociación
Viva Huelga en general

El día 8 de septiembre
de los campos de Delano
salieron los filipinos 15

Y después de dos semanas
para unirse a la batalla
salieron los mexicanos

Y juntos vamos cumpliendo
con la marcha de la historia 20
para liberar al pueblo

Viva la Revolución
Viva nuestra Asociación
Viva Huelga en general

Viva la Huelga en el fil 25
Viva la Causa en la historia
La Raza llena de gloria
La victoria va a cumplir

Nos dicen los patroncitos
que el trabajo siempre se hace 30
con bastantes esquiroles

Y mandan enganchadores
pa' engañar trabajadores
que se venden por frijoles

en contra against
el engreído the arrogant

compartir to share
el campesino (poor) farmer

unirse a to join   **la batalla** battle

junto together   **cumplir con** to carry out
liberar to free   **el pueblo** the people

el fil field (English)

la Raza all the Spanish-speaking people
cumplir to perform, to carry out

se hace is done
el esquirol strike-breaker

el enganchador cheater
pa' = **para** for   **engañar** to deceive

66

Pero hombres de la raza   35
se fajan y no se rajan
mientras la uva se hace pasa

Viva la Revolución
Viva nuestra Asociación
Viva Huelga en general   40

Ya saben los contratistas
que ni caro ni barato
comprarán nuestros hermanos

Pero como es bien sabido
que pa' mantener familias   45
más sueldo necesitamos

Ya está bueno compañeros
come dice César Chávez
esta huelga ganaremos

Abajo los contratistas   50
Arriba nuestros huelguistas
que se acabe el esquirol

Viva la Huelga en el fil
Viva la Causa en la historia
La Raza llena de gloria   55
La victoria va a cumplir.

fajarse to get ready to fight; to tighten their belts **rajarse** to give in
la uva grape **la pasa** raisin

caro expensive

es bien sabido it is well known (more common is **se sabe bien**)
mantener to support

está bueno it's OK

ganar to win

abajo down with
arriba up with **el huelguista** striker
que se acabe down with

A. *Answer the following questions.*

1. ¿Qué es una huelga? _____

_____

2. ¿Dónde está Delano? _____

_____

3. ¿Quién es el pueblo en el sentido del poema? _____

_____

4. ¿Contra quiénes están? _____

_____

5. ¿Qué día comenzó el movimiento? _____

_____

6. ¿Qué es la raza? _____

_____

7. ¿Cómo se hace el trabajo según los patroncitos? _____

_____

8. Cuando aceptan trabajo los trabajadores, ¿se contratan por mucho o por poco? _____

_____

9. ¿Luchan los hombres de la raza o son pasivos? _____

_____

11. ¿Qué se necesita para mantener una familia? _____

_____

11. ¿Quién es César Chávez? _____

_____

12. ¿Qué quieren los huelguistas? _____

_____

13. ¿Quién va a ganar la lucha? _____

_____

B. *Translate the two refrains, "Viva la Revolución" and "Viva la Huelga en el fil."*

C. *Translate the following phrases using the se construction. Look back at the song for assistance. Be able to describe the function of se in each of the sentences.*

1. to join the battle

   _____

2. the work is always done

   _____

3. they sell themselves

   _____

4. the grape becomes raisin

   _____

5. the strike-breaker is finished

   _____

D. *Change the underlined verbs to the perfect tenses.*

Nos <u>dicen</u> los patroncitos _____
que el trabajo siempre <u>se hace</u> _____
con bastantes esquiroles

Y <u>mandan</u> enganchadores _____
pa' engañar trabajadores
que <u>se venden</u> por frijoles _____

Pero hombres de la raza
<u>se fajan</u> y no <u>se rajan</u> _____
mientras la uva se hace pasa._____

Peanuts

CHARLES M. SCHULZ

Copyright © 1972 by United Feature Syndicate, Inc.

The cartoon strip *Peanuts* needs no introduction in Spain or Mexico. One finds *Peanuts* books in the most prestigious bookstores. They can be purchased at magazine stands on the *plaza* and appear as regular items in the newspapers. Perhaps the reason for this popularity is the universally human traits of the characters, whose complexity, problems, and joys as seen in the following selections, seem to be as Spanish as they are American.

PROBLEMAS DE LINO

Copyright © 1972 by United Feature Syndicate, Inc.

Dicho

he descubierto I have discovered
chupar to suck
el pulgar thumb
entrometido nosy

Visto

la mantita blanket
estar enojado to be angry
escuchar to listen
estar parado to be standing
platicar to chat, to talk
fruncir el entrecejo to frown
gritar to shout
dar un salto mortal to somersault

Copyright © 1972 by United Feature Syndicate, Inc.

DEFENSA

Dicho

quitar to take away
la mantita little blanket
¿y qué? and so?
el señuelo lure

Visto

la sala living room
tender (ie) to lay out, to stretch out
el sofá sofa
el cojín cushion
la televisión TV **el televison** TV set
por todas partes everywhere

TRUCO

Dicho

el truco trick
esconder to hide
disimular to disguise

Visto

la lámpara lamp
la cómoda dresser, chest of drawers
señalar to point
girar to twirl
el lazo bow
la sonrisa smile
la cara face
inocente innocent

74

LA MANTITA

Dicho

mientras while
podrías you could
aparentar to pretend
no se daría cuenta wouldn't realize
sentirme con fuerzas to feel strong enough
engañar to deceive
pensaría she would think

Visto

mirar la televisión to watch TV
persuadir to persuade *(takes the subjunctive)*
discutir to discuss
marcharse to walk away
darse la vuelta to turn around
explicar to explain
la razón reason

¡A LA CAMA!

Dicho

debería ought
tratar to treat

Visto

decir buenas noches to say good night
acostarse (ue) to go to bed
estar acostado to be in bed
bromear to tease, play jokes on
ir a todo correr to go as fast as possible
saltar to jump
la cama bed
contento happy
sentirse avergonzado to feel ashamed

¡PASO EL PELIGRO!

Dicho

el peligro danger
así que so
habrá there will be
la pelea fight
se creía she thought
librarme de ella to separate me from it
se haya ido she has gone *(subjunctive)*
echaré de menos I will miss
la emoción excitement
la caza hunt

Visto

afuera outside
estar recostado contra to be leaning against
la visita visit
la piedra stone

A. *Answer the following questions in Spanish.*

1. ¿Quiénes se oponen a que una persona se chupe el pulgar? _____

   _____

2. ¿Cómo son las abuelas? _____

   _____

3. ¿Qué le quitará a Lino la abuela? _____

   _____

4. ¿Qué está poniendo Lino? _____

   _____

5. ¿Qué quiere hacer la abuela con la manta? _____

   _____

6. ¿Qué le dice Lucy a Lino? _____

   _____

7. ¿Qué podría aparentar Lino? _____

   _____

8. ¿Se siente con fuerzas para engañar a la abuela? _____

   _____

9. ¿Por qué no? _____

   _____

10. ¿Le dice Lino buenas noches a su abuela? _____

    _____

11. ¿Por qué no debe tratar a su abuela de esa manera? _____

    _____

12. ¿Regresa la abuela a su casa? _____

    _____

13. ¿Qué siente Lino? _____

_____

14. ¿Qué echará de menos? _____

_____

B. *Describe in simple words the following characters in* Peanuts. *Use a dictionary, if necessary. For example: "Snoopy es un perro inteligente, interesante y gracioso."*

Lino

Charlie Brown

Lucy

C. *Retell the stories orally using the vocabulary provided under the column Visto.*

WE BELIEVE ARMED SELF-DEFENSE & ARMED STRUGGLE ARE THE ONLY MEANS TO LIBERATION

Jóvenes oficiales de los Young Lords

LOS "YOUNG LORDS"

FERNANDO M. PANDO

"Young Lords" is a name taken by the militant Puerto Rican youth of the eastern United States. Their counterparts in the West are the "Brown Berets," formed by Chicano youth. The efforts of the Young Lords, as can be seen in the story below, are directed towards helping members of the Puerto Rican community. They fight racial injustice and police brutality, and try to create dignity for a people who are generally regarded as inferior by the society which surrounds them. This article from *Nueva York Hispano* narrates the story of a Young Lord who was imprisoned in a New York City jail popularly known as the "Tombs." His death was the beginning of a series of events which brought about a full-scale investigation of that notorious place.

Julio Roldán, miembro de los Young Lords, muere en la cárcel de Nueva York (las Tumbas) el día 15 de Octubre pasado.* Roldán, de 34 años y soltero, llevaba sólo unos meses en el partido y había sido detenido la noche anterior en el Barrio bajo la acusación de querer pegar fuego a una casa. El impacto causado por la noticia de la muerte de Roldán sacudió hondamente al partido revolucionario de los Young Lords. Su reacción y sus afirmaciones nos permiten conocer mejor a este grupo de puertorriqueños que son, a menudo, criticados y raramente presentados tal y como son.

Convocada una conferencia de prensa, el Ministro de Información de los Young Lords, Pablo Yoruba Guzmán, hizo las declaraciones siguientes en tono reposado pero muy firme:

—La policía le ha maltratado y golpeado, y declarándolo trastornado mental, lo recluyó en el octavo piso de las Tumbas donde están los locos encarcelados.

—En la mañana del día 15, Julio Roldán aparece muerto en su celda. La información oficial declara que es un caso de suicidio, pero los Young Lords rechazan tal cosa como imposible tratándose de un Young Lord, y señalan dos contradicciones en los informes oficiales. La primera es que el informe oficial afirma que Roldán se ahorcó con su propia cintura, en su propia celda. Ahora bien, los presos no tienen cinturón ni pueden estar solos en la celda porque la cárcel está superpoblada. El caso de Roldán no requería un tratamiento tan especial.

La segunda contradicción, según declaró Yoruba, fue que la autopsia legal que confirmara el suicidio, es falsa, porque el examen médico del cadáver, llevado a cabo por facultativos independientes, revela dos huesos rotos y otras señales de violencia.

el soltero bachelor **llevar unos meses** had been some months **el partido** party
había sido detenido had been detained
bajo under
pegar fuego to set fire
sacudir to shake **hondamente** deeply
a menudo often
tal y como as

convocar to convoke

reposado calm

maltratar to mistreat **golpear** to beat
trastornado disturbed **recluir** to seclude
encarcelado jailed

la celda cell
rechazar to reject
tratar de to deal with **señalar** to point out
el informe report
ahorcarse to hang oneself **propio** own
la cintura belt
el preso prisoner **el cinturón** belt
superpoblado overpopulated
requerir to require **el tratamiento** treatment

el facultativo physician
el hueso bone **roto** broken
la señal sign

—Por lo tanto, los Young Lords acusan al Departamento de Policía y a las autoridades de la ciudad de perpetrar un crimen de genocidio contra puertorriqueños y negros.

* * *

La tensión estaba muy alta aquel domingo en el Barrio. Para las cuatro de la tarde, se anunciaba una manifestación en masa en plena calle. En realidad, los Young Lords se apoderaron del cadáver de Roldán y lo trasladaron desde la calle 111 y Madison Ave. hasta la Avenida Lexington (y la misma calle) donde está situada la Primera Iglesia Metodista Hispana. Los Young Lords entraron en ella y colocaron sobre el altar el cadáver de Roldán.

En realidad, la entrada en la iglesia, aunque tenían permiso del pastor, resultó ser más que una manifestación piadosa. Los Young Lords se prepararon para defenderse dentro de ella si la policía intentaba intervenir. Y estaban listos para luchar.

Mientras tanto, los Young Lords habían invitado al Clero para decirles lo ocurrido y solicitar su mediación . . . Los veintiocho sacerdotes firmantes se comprometieron a apoyar la petición de los Young Lords, solicitando la investigación del caso de Roldán y de las condiciones generales de las cárceles de Nueva York.

Para algunos, el compromiso comprendía también pasar toda la noche en la iglesia con los Young Lords, a fin de evitar un confrontamiento sangriento entre ellos y la policía.

Fue una noche en vela que jamás olvidaré. Entre otras cosas pude comprobar que los Young Lords viven entre ellos una fraternidad admirable y, al mismo tiempo, con una gran disciplina al servicio de su ideal revolucionario.

A las nueve de la mañana del lunes los sacerdotes se reúnen y se trasladan a las Oficinas del Comisionado de Policía, en el número 100 de la calle Centre, en Manhattan. Sólo se queda uno con los Young Lords como garantía de protección. Nuestro encuentro con la autoridad podría resumirse así: recepción fría, espera prolongada, diálogo penoso y resultado incierto, porque las autoridades no tienen interés en que haya una comisión del clero para investigar las cárceles de la ciudad. Este era el objeto de nuestra intervención y la condición de los Young Lords para salir pacíficamente de la iglesia.

En realidad, las Autoridades civiles aceptaron a una Comisión del Clero para investigar las cárceles, pero juntamente con la Comisión investigadora oficial. Los Young Lords rechazaron tal

---

perpetrar to carry out

la manifestación demonstration
pleno in the middle of   **apoderarse de** to take over, to seize
trasladar to transport

colocar to place

la entrada entrance
resultar to turn out   **piadoso** pious, holy

listo ready   **luchar** to fight

mientras tanto meanwhile   **el clero** clergy
lo ocurrido what had occurred
   solicitar to ask for   **la mediación** mediation
el sacerdote priest   **firmante** signing
   comprometerse to commit oneself
   apoyar to support
el compromiso commitment
   comprender to include
a fin de for the purpose of   **evitar** to avoid
sangriento bloody
en vela in vigilance
comprobar to verify

el Comisionado commissioner

resumirse to be summed up
penoso painful   **el resultado** result
haya there be

propuesta como humillante e ineficaz, y continúan aún en la iglesia Metodista. El desenlace de la historia hace parte del futuro,* pero es necesario conocer lo que dicen y sienten estos muchachos hispanos que no son santos pero tampoco están locos. Son idealistas dispuestos a morir por su ideal.

70

la propuesta proposal **humillante** humiliating **ineficaz** inefficient
el desenlace conclusion **hace parte** is a part

dispuesto ready

---

*The Young Lords moved out of the First Spanish Methodist Church on December 9, 1970, but not before a full-scale inquiry into the treatment of prisoners at the Tombs had been carried out.

A. *Use each of the following phrases in a complete Spanish sentence.*

1. llevar unos meses _____

_____

2. pegar fuego _____

_____

3. tal y como _____

_____

4. llevar a cabo _____

_____

5. para las cuatro de la tarde_____

_____

6. resulta ser_____

_____

7. estar listo _____

_____

8. a fin de_____

_____

9. tener interés en _____

_____

10. estar dispuesto a _____

_____

B. *In the first three paragraphs of the story there are several past participles—some are used as adjectives, some as nouns, and others—in combination with **haber** or **ser**—as verbs. Fill in the blanks below with the correct -ado or -ido word and give its meaning.*

Example: Julio Roldán aparece _____muerto_____ en su celda.
dead, adjective

1. Llevaba sólo unos meses en el _____.

2. El impacto _____ por la noticia sacudió a los Young Lords.

3. _____ una conferencia de prensa, Pablo Yoruba Guzmán hizo las declaraciones siguientes.

4. Las dijo en tono _____ y firme.

5. La policía le ha _____.

6. Lo declaró _____ mental.

7. Los locos están _____ en el octavo piso.

8. Los puertorriqueños a menudo son _____.

C. *Answer the following questions orally in Spanish.*

1. ¿Quién era Julio Roldán? _____

2. ¿Dónde viven los Young Lords? _____

3. ¿Cuál fue la acusación contra Roldán? _____

4. ¿Quién es el Ministro de Información de los Young Lords?_____

5. ¿Dónde estuvo Julio Roldán en las Tumbas? _____

6. ¿Qué día aparece muerto Roldán? _____

7. ¿Cómo murió—según la policía? ¿Según los Young Lords? _____

8. ¿Qué pruebas tienen los Young Lords de que la muerte de Roldán no fue un suicidio? ___

___

9. ¿De qué acusan los Young Lords a la policía de Nueva York? ___

___

10. Durante el entierro de Roldán ¿qué hicieron los Young Lords con su cadáver? ___

___

11. ¿Por qué se encerraron en la Primera Iglesia Metodista Hispana? ___

___

12. ¿Cuántos sacerdotes se comprometieron a apoyar la petición de investigación? ___

___

13. ¿Quiénes pasaron la noche en la iglesia? ___

___

14. ¿Cómo viven los Young Lords? ___

___

15. A la mañana siguiente ¿a dónde fueron los sacerdotes? ___

___

16. ¿Cómo los recibió la policía? ___

___

17. ¿Qué propuesta ofreció la policía? ___

___

18. Al final de la historia ¿dónde están los Young Lords? ___

___

19. ¿Cómo son estos muchachos hispanos? ___

___

PAZ EN LA TIERRA PARA TODOS LOS
HOMBRES DE BUENA VOLUNTAD

la voluntad will

This editorial appeared in the same issue of *Nueva York Hispano* as the previous story. It is a comment on the conditions of life which lead to events like the death of Julio Roldán. While the editorial does not completely approve of the methods used by the Young Lords, it recognizes the necessity for their actions as long as poverty, lack of dignity, and absence of hope continue to exist.

Llega el invierno. Llega la Navidad.

Alegría de la nieve que esconde la negra suciedad de las calles de Nueva York. Luces, flores, música por doquier. Alegría para muchos, pero no para todos. Porque hay, en nuestro mundo, demasiados hombres, mujeres, niños y ancianos que ven llegar el invierno con recelo y temor. No vaya a pensar usted, lector amigo, en los pobres indios de los Andes o en las tribus salvajes de las selvas africanas . . . No; porque hablamos de los nuestros. Hablamos de Nueva York. De nuestros hermanos vecinos del Barrio, de Harlem o del Sur del Bronx, donde miles de familias tuvieron que sufrir lo indecible, durante el invierno pasado, porque sus casas no reúnen las condiciones indispensables de vida en la ciudad de Nueva York, como son el agua caliente y la calefacción en lo más crudo del invierno.

Cuando un hombre muere en las cárceles de Nueva York, se alarma todo el pueblo y no le falta razón, porque no es el primer caso de "suicidio" en las famosas Tumbas. Sin embargo, miles de niños y de ancianos sufren muy serios estragos en su salud o pierden la vida, porque los señores dueños de las casas no tienen interés en "tal clase" de inquilinos, y las autoridades de la ciudad parecen estar demasiado ocupadas para atender a tales problemas . . . Si todas las familias de esos barrios abandonados pudieran formar algo así como una "Unión de Inquilinos" que pusiera en jaque los intereses políticos de los funcionarios de la ciudad y del Estado, es fácil que esos funcionarios que manejan las riendas del poder, encontraran tiempo y medios para resolver debidamente éstos y otros problemas similares de la ciudad de Nueva York.

la alegría joy and happiness **esconder** to hide **la suciedad** dirtiness **doquier** everywhere (poetic)

el recelo distrust **el temor** fear
salvaje savage, wild
la selva jungle **los nuestros** our own
el vecino neighbor
el barrio neighborhood in a Spanish-speaking community
lo indecible the unspeakable
reunir have
la calefacción heating
lo más crudo the most pitiless part

faltar to lack
las Tumbas the Tombs
el estrago ravage **la salud** health
el dueño owner
el inquilino tenant

pudieran could
algo así como something like **pusiera** would put
en jaque in check
es fácil it is probable **el funcionario** official **manejar** to manage **la rienda** rein
el poder power **encontraran** would find
debidamente in due time

Mas hoy por hoy, no existe tal fuerza coercitiva entre las manos de las familias pobres. Y, por lo tanto, tienen que ver llegar el invierno y las Navidades con temor . . .

Lo que ocurre en las Tumbas y en las viviendas miserables de algunos barrios de Nueva York son botones de muestra. Desgraciadamente, hay muchas cosas que no marchan bien en el imperio del dólar. Las drogas, el crimen establecido, la educación en decadencia, el sentimiento nacional dividido son otras tantas grietas que ponen de manifiesto un serio peligro de ruina nacional. Y el peligro consiste, a nuestro juicio, en que el descontento de muchos está fraguando, en Nueva York y en toda la Nación, una revolución que será inevitable si las cosas no mejoran rápidamente.

En páginas de este número de *Nueva York Hispano,* presentamos al grupo de los "Young Lords" como un ejemplo vivo de lo que afirmamos. Y la prensa americana de más prestigio viene diciendo lo mismo últimamente. No compartimos los ideales, planes y tácticas de los Young Lords, pero no dejamos de admirar la bravura de esos jóvenes que arriesgan su vida por un ideal, y apoyamos sus reclamos de justicia y promoción humana para todos los hombres y todos los pueblos sin excepción.

Lo triste de la condición humana es que el hombre se deja obcecar fácilmente por fanatismos políticos o religiosos y es imposible, de ese modo, que uno pueda comprender la verdad del otro, por evidente que ésta sea. Mientras esa incomprensión exista entre los hombres, no podrá haber verdadera paz, por más que se festejen pomposamente las fiestas de Navidad y Año Nuevo.

Toda la historia humana está manchada de sangre: Babilonia y Egipto, Griegos y Romanos, Moros y Cristianos, Rojos y Blancos, y la lucha perdura sorda y fría o brutal y sangrienta, entre pueblo y pueblo o hermano y hermano. La paz es para "todos los hombres de buena voluntad." Para todos, y no sólo para aquellos a quienes nosotros tenemos por justos. Y esto significa que no tenemos que hacer guerras para demostrar que nosotros tenemos la razón, que lo nuestro vale más. Y la injusticia no se vence con bombas ni cañones, sino con otras realidades, con obras de justicia, con sincero interés y caridad para todos.

Cuando esa justicia sea una realidad en Nueva York, los niños y los ancianos de nuestros barrios no tendrán miedo al duro invierno, los revolucionarios ya no tendrán razón de ser, y todos podremos celebrar con verdadera paz y alegría el don inefable de la vida.

30 **mas** but   **hoy por hoy** the way things are today   **coercitivo** coercive
por lo tanto therefore
la vivienda dwelling
el botón de muestra samples
el imperio reign
establecido established
35 **otras tantas** just so many more
la grieta crack   **poner de manifiesto** to make public   **el peligro** danger
fraguar to forge
mejorar to get better

40

vivo living
la prensa press
viene diciendo has been saying   **lo mismo** the same   **últimamente** lately
45 **compartir** to share
dejar de to fail to
la bravura courage   **arriesgar** to risk
apoyar to support   **el reclamo** claim

50 **obcecar** to blind

por evidente que sea no matter how evident it may be
por más que no matter how
festejar to celebrate

55 **manchar** to stain   **la sangre** blood
el moro Moor, Mohammedan
perdurar to last   **sordo** silent

60 **tener por** to consider
demostrar to demonstrate

el cañon cannon   **la obra** work
la caridad charity

65
duro hard
tener razón de ser to have reason for being
el don gift

A. *Make an outline of the most important points in this editorial, using Spanish phrases from the story wherever possible. We suggest that you follow the paragraphs.*

B. *Translate the following phrases into good English.*

1. hay demasiados hombres, mujeres, niños y ancianos que ven llegar el invierno con recelo y temor _____

_____

2. se alarma todo el pueblo y no le falta razón _____

_____

3. porque los señores dueños de las casas no tienen interés en "tal clase" de inquilinos _____

_____

4. pudieran formar algo así como una "Unión de inquilinos" _____

_____

5. que pusiera en jaque los intereses políticos _____

_____

6. Desgraciadamente, hay muchas cosas que no marchan bien en el imperio del dólar. _____

_____

7. una revolución que será inevitable si las cosas no mejoran rápidamente_____

_____

8. no dejamos de admirar la bravura de esos jóvenes_____

_____

9. es imposible, de ese modo, que uno pueda comprender la verdad del otro, por evidente que ésta sea_____

_____

10. no podrá haber verdadera paz _____

_____

11. por más que se festejen pomposamente las fiestas de Navidad y Año Nuevo _____

_____

12. la lucha perdura sorda y fría o brutal y sangrienta _____

_____

13. para todos, y no sólo para aquéllos a quienes nosotros tenemos por justos _____

_____

14. cuando esa justicia sea una realidad en Nueva York_____

_____

15. los revolucionarios ya no tendrán razón de ser _____

_____

C. *There are very few neuter constructions in Spanish. They involve the words* **lo** *(the);* **esto, eso, aquello;** *and* **ello.** *Below are five phrases which use the neuter. After looking them up in the essay for their meaning in context, translate them into English.*

1. Lo que ocurre en las Tumbas _____

_____

2. Viene diciendo lo mismo últimamente_____

_____

3. lo triste_____

_____

4. y esto significa que _____

_____

5. lo nuestro_____

_____

LA MUERTE DE PANCHO VILLA: CORRIDO

EDUARDO GUERRERO

Pancho Villa (centro) con el General Pershing (a la derecha)

The Mexican Revolution of 1910 began as a revolt of the educated liberals against the dictatorship of Porfirio Diaz and ended as a struggle for the rights of the poor. Pancho Villa (1877–1923) was one of the most popular leaders during the Revolution. He supported Francisco I. Madero, the leader of the revolt, and opposed Huerta (a revolutionary general) when the latter overthrew Madero in 1913. In time, Villa gained control of northern Mexico. With Emiliano Zapata, the leader in the South, he occupied Mexico City from December, 1914, to January, 1915. In retaliation for President Wilson's recognition of the presidency of Carranza, another revolutionary general, Villa began to raid United States border towns, among them Columbus, New Mexico. General Pershing was sent to capture Villa in 1916, but failed. In 1923 Villa was assasinated by a group of hired guns. Although he was greatly loved and respected by his followers, he never rose to a position of leadership in the government.

The following poem to Villa is cast in the form of a long narrative song, very popular in Mexico, called a **corrido**. A **corrido** is about a local or national hero and is usually sung by street musicians around the markets or the big **fiestas**.

Pancho Villa se murió,
lo mataron a traición,
pobrecito Pancho Villa,
ya se encuentra en el panteón.

Después de que se rindió   5
hizo una vida ejemplar,
trabajó como hombre honrado
sin esta suerte esperar.

a traición treacherously

el panteón cemetery

rendirse to surrender
ejemplar exemplary
honrado honest
la suerte luck, fate

Triste fin de tan gran hombre,
cuya fama subió tanto   10
que no hubo quien lo igualara
y hoy está en el camposanto.

El crimen fue en el Parral,
a donde iba con frecuencia
y murió con Miguel Trillo   15
y su escolta, sin clemencia.

Enemigos personales
pagaron siete asesinos
que en el barrio Guanajuato
le mataron los indignos.   20

En una casa vacía
los infames le esperaron
y al pasar en automóvil
sus rifles le descargaron.

Tres asaltantes heridos   25
fueron hechos prisioneros
pero los cuatro restantes
huyeron por el potrero.

Pancho Villa fue hombre rudo
pero de gran corazón,   30
y llegara a Presidente
a no faltarle instrucción.

Nació en Durango, en las Nieves,
en ochocientos ochenta,
y trabajó como arriero   35
de joven, según se cuenta.

En mil novecientos diez
se levantó con Madero,
y en Chihuahua fue el segundo,
pues Orozco era el primero.   40

Cuando cayó Ciudad Juárez
a él se debió en mucha parte,
pues en la guerra fue un genio
parecido a Bonaparte.

Triunfó la Revolución   45
y se fue a Sta. Isabel

el fin end

no hubo quien there was no one who
  igualara could equal
el camposanto cemetery

el Parral a town

la escolta escort, bodyguard   **la
  clemencia** mercy

el indigno despicable man

vacío empty
el infame infamous man

descargarle to empty into him

el asaltante assailant   **herido** wounded

el restante remaining man
huir to fiee   **el potrero** pasture

rudo unpolished

llegara a would have become
a no faltarle if he hadn't lacked

Durango state in Mexico   **las Nieves**
  town in Durango
ochocientos ochenta 1880
el arriero muleteer
de joven as a young man

levantarse to rise up
Chihuahua state in Mexico
Orozco another military leader

deberse to be due   **en mucha parte** in
  large part
parecido similar

Sta. Isabel town in Mexico

dio su mano a Luz Corra
pasando luna de miel.

dar su mano to give his hand, to marry
la luna de miel honeymoon

Orozco se rebeló
contra don Pancho Madero,   50
y Villa tomó las armas
contra de aquel guerrillero.

el guerrillero guerrilla

Cuando Huerta traicionó
infame a su presidente,
Villa se alzó por el Norte   55
contra del vil infidente.

traicionar to betray

alzarse to rise up
el infidente unfaithful, faithless one

Epopeya fue esa guerra
que le dio tan gran renombre,
y muy pronto la frontera
conquistó tan grande hombre.   60

la epopeya epic
el renombre reknown

Tomó la gran Capital
en compañía de Zapata
y dictó leyes cual Jefe
que todo el país acata.

dictar to dictate   **la ley** law   **cual** like
  el jefe boss, leader
acatar to respect

Llevado de su odio al gringo   65
por su amistad a Carranza,
saqueó el pueblo de Columbus
hasta saciar su venganza.

llevado motivated   **el gringo** North
  American
por because of
saquear to sack
saciar to satisfy   **la venganza**
  vengeance
estadounidense of the United States

El Gobierno estadounidense
envió fuerte expedición   70
persiguiendo a Pancho Villa
y sin lograr su aprehensión.

perseguir to pursue
lograr to accomplish   **la aprehensión**
  capture

A la caída de Carranza,
cansado ya de pelear,
se le rindió a De la Huerta   75
y se puso a trabajar.

la caída fall

se le rindió to surrender
ponerse a to begin

Esta será a grandes rasgos
la historia de Pancho Villa
que no llegó a Presidente
por no gustarle la silla.   80

a grandes rasgos in broad lines

la silla seat, saddle

Aquí va la despedida,
con grande pena y dolor,
por el fin tan desastrado
de un hombre de tal valor.

la despedida farewell
la pena pain   **el dolor** suffering
desastrado disastrous
el valor courage, value

A. *Research the following people and places and be prepared to describe them to the class in Spanish in one or two sentences.*

Francisco I. Madero
Victoriano Huerta
Emiliano Zapata
Venustiano Carranza

General Pershing
Chihuahua (state)
Durango (state)
Ciudad Júarez

B. *Answer* verdad *or* falso.

_____ 1. Pancho Villa fue asesinado.

_____ 2. Murió en la capital de México.

_____ 3. Lo mataron a traición.

_____ 4. Siete asesinos huyeron.

_____ 5. Todos los asesinos huyeron.

_____ 6. Nació en 1880.

_____ 7. De joven trabajó como campesino.

_____ 8. Fue amigo de Francisco I. Madero.

_____ 9. La revolución mexicana comenzó en 1910.

_____ 10. Fue un líder en el estado de Sonora.

_____ 11. Se casó con Luz Corra.

_____ 12. Villa se alzó contra Madero.

_____ 13. Villa y Zapata tomaron la capital.

_____ 14. Columbus está en los Estados Unidos.

_____ 15. Villa odiaba a los gringos porque reconocieron a Carranza.

_____ 16. Los Estados Unidos enviaron una expedición contra Villa.

_____ 17. Villa, cansado de pelear, se rindió a Huerta.

_____ 18. Villa llegó a ser presidente de México.

_____ 19. El fin de Pancho Villa es triste para un hombre de tanto valor.

_____ 20. La despedida es el comienzo de algo.

C. *Read about Pancho Villa in an encyclopedia or a history book. Be prepared to say briefly in your own words in Spanish what you think of him politically and personally.*

ANUNCIOS

Searching the want ads is an important part of daily life, no matter where you live. In preparation for a stay in South America, Mexico, or Spain several want ads are included in this lesson. Do you need a job? Do you want to learn French? Are you looking for an apartment? Do you need a private detective? All these problems are answered for you in our collection. You will also discover many things about the country and the city from which the ads come. Can you guess from which Spanish-speaking city they are?

VENDEDORES profesionales (450–600.000 anuales). Exigimos: cultura nivel Bachiller, experiencia de vendedor o de organizador comercial. Decidido a dirigir su vida en este campo. Dispuesto a pasar por un proceso de selección muy riguroso. Ofrecemos: importantes ingresos fijos, más comisiones, más premios y otros incentivos. Profunda formación por especialistas a cuenta de la empresa. Promoción a realizar durante el presente año: un director, cuatro jefes de organización y veinte jefes de equipo. Departamento de Selección. Plaza de las Cortes, 2, de 10 a 14 y 17 a 20. Señor Zaldívar.

el vendedor salesman
450–600,000 pesetas the peseta is worth 1/60 of a dollar
exigir to require
el nivel level
Bachiller high school degree
decidido determined
dirigir to direct
el campo field
dispuesto ready
ofrecer to offer
el ingreso income
fijo fixed
más plus
el premio prize
profundo complete, deep
la formación training
a cuenta de at the expense of
realizar to be made, to come true
el equipo team, unit

REPRESENTANTES, libres, a comisión, se precisan para venta aparatos de alumbrados especiales. 457 96 00.

libre free
precisarse to be needed
la venta sale
el alumbrado lighting

EL Departamento de la Mano de Obra e Inmigración de la Embajada del Canadá en Madrid busca una persona para trabajar en Madrid, con conocimientos y experiencia en todo, o la mayoría de lo siguiente: planificación de trabajo, revisión de programas y proyectos, análisis y dirección de métodos y procedimientos de oficina, preparación

la mano de obra labor
la embajada embassy
los conocimientos knowledge, experience
la planificación planning
a nivel de ejecutivo at the executive level
el solicitante the person applying
el idioma language
idóneo ideal
así como as well as

de informes y otras responsabilidades a nivel de ejecutivo. Los solicitantes deberán ser de sexo masculino, graduado universitario o equivalente y saber correctamente los idiomas inglés, francés, y español. Al candidato idóneo se le ofrecerá excelente remuneración, buenas condiciones de trabajo, así como beneficios. Rogamos se dirijan por escrito, en inglés, incluyendo fotografía, indicando edad y detallando estudios, experiencia y remuneración actual, a: Embajada del Canada. Apartado 207, Madrid.

rogar to ask, request
dirigirse to address oneself
por escrito in writing
detallar to list in detail
actual present
el apartado (de correos) post office box

IMPORTANTE empresa, de ambito nacional, necesita jefes de grupo para su estructura de ventas. Se requiere don de gentes, edad mínima 23 años, dedicación plena. Se ofrece sueldo fijo, altas comisiones y formación a cargo de la empresa. Interesados llamar al teléfono 2575928, Señorita Mari Luz, para concertar entrevista (22.079).

la empresa business
el ámbito scope
el jefe de grupo section head
requerirse to be required
el don de gentes ability with people
pleno complete
a cargo de at the expense of
el interesado interested person
concertar to arrange
la entrevista interview

CHARM precisa supervisoras y demostradoras—vendedoras productos Alta Cosmética. Asignación fija e importantes comisiones. Presentarse, lunes a viernes, horas laborables: Paseo Castellana, 19, entreplanta derecha.

la demostradora demonstrator
alta cosmética high-style cosmetics
la asignación salary
presentarse please present yourself
las horas laborables working hours
la entreplanta mezzanine
derecha right

primero izquierda first floor,* left
a partir de beginning

---

*The first floor in Europe is the second floor in the United States. The first floor is called the **planta baja.**

MOTORISTA: se precisa para reparto y recogida de datos. Se requiere Bachiller elemental, práctica y permiso de conducir y disponer de una moto. Se ofrece: colocación con carácter permanente y porvenir. Salario a convenir, según conocimientos, del orden de las 8.000 pesetas mensuales, más gastos moto. Interesados dirigirse por escrito, indicando datos personales, referencias y fecha permiso conducir, al Apartado 56 de Madrid.

el reparto delivery
la recogida collection
los datos information
Bachiller elemental elementary school degree
conducir to drive
disponer to have the use of
la moto(cicleta) motorcycle
la colocación placement, position
el porvenir future
a convenir to be arranged
del orden de on the order of
mensual monthly
el gasto expense
la fecha date

¡¡¡TARGO!!! Detectives especializados. Asuntos delicados. Conductas dudosas. Vigilancias. Informaciones privadas. Averiguaciones reservadísimas. Absolutas garantías. Primera licencia nacional, más antigua de España. TARGO Hortaleza, 40.

Targo name of a detective agency
el asunto affair
la conducta behavior
dudoso suspicious
la vigilancia surveillance
la averiguación investigation
reservadísimo very discreet

la taquimecanógrafa shorthand typist
el dominio skill
la taquigrafía shorthand
la mecanografía typing
el archivo filing
neta net
la valía worth
el sueldo salary
revisable reviewable
el ambiente atmosphere
amplio complete, broad

```
┌─────────────────────────────────┐
│                                 │
│  B U S C O   P I S O            │
│       SIN AMUEBLAR              │
│  exterior, cuatro dormitorios, salón co- │
│  medor con balcón, servicio garaje.   │
│    DISPONIBLE 1 SEPTIEMBRE      │
│  Escribir, urgente, APARTADO 1.160    │
│                                 │
└─────────────────────────────────┘
```

el piso apartment
sin amueblar unfurnished
exterior with windows opening on the outside of the building
el dormitorio bedroom
el salón comedor living room with dining area
disponible available

A. *Complete the following sentences by translating into Spanish the English phrase in parenthesis.*

1. Para ser vendedor profesional, hay que tener un _____ *(high school degree).*

2. Uno tiene que estar _____ *(ready)* a pasar por un proceso de selección muy rigurosa.

3. El representante para venta de aparatos de alumbrado se va a pagar _____ _____ *(on commission).*

4. El candidato para la posición con la Embajada del Canadá debe dirigirse _____ _____ *(in writing).*

5. Este candidato debe tener _____ *(knowledge and experience in everything).*

6. Al candidato para jefe de grupo le ofrecen sueldo fijo, altas comisiones y _____ _____ *(training at the expense of the enterprise).*

7. Las que se interesan por Charm deben presentarse _____ *(Monday to Friday, working hours).*

8. La dirección del Golden Institute es Montesa, 35, primero izquierda, _____ _____ *(corner of Lista, 79).*

9. El motorista necesita Bachiller elemental, una moto y _____ *(a driver's license).*

10. Targo ofrece servicios en _____ *(delicate affairs).*

11. Una taquimecanógrafa debe dominar _____ *(shorthand and typing).*

12. Se ofrece _____ *(a pleasant working atmosphere in a modern business).*

13. La persona que busca piso lo quiere _____ *(unfurnished).*

14. Quiere el piso para _____ *(September 1).*

B. *Make up your own ad in Spanish. Are you selling, looking, buying, offering a service? Decide what problem you want to solve through an ad and try to use the vocabulary on these pages. Who knows? Maybe one day you will have to place an ad in a Spanish-language newspaper.*

C. *Answer the following questions in Spanish.*

1. ¿De qué país vienen estos anuncios? ¿Cómo lo sabe Ud.?

2. ¿Cuánto vale en dólares un sueldo de 450,000 pesetas?

3. ¿Cuánto sueldo piensa Ud. que un vendedor de este tipo ganará en los Estados Unidos?

4. ¿Le parece interesante el anuncio de la Embajada del Canadá? ¿Le gustaría el puesto?

5. ¿Tiene Ud. don de gentes? ¿Conoce a alguien que lo tenga?

6. ¿Cuánto tiempo se necesita para aprender una lengua extranjera en el Golden Institute? ¿Cree Ud. que esto sea posible?

7. ¿Cuánto pagan al motorista mensualmente en dólares? ¿Además de qué?

8. ¿Qué servicio de Targo le interesa más a Ud.?

9. ¿Qué cualidades se necesitan para ser una buena taquimecanógrafa?

10. ¿Qué quiere la persona que busca piso?

POESÍA

DIGNA PALOU

After her first book of poetry, which is characterized by a pervading tenderness, the work of Digna Palou has become more profound; her poems become more tense, dramatic, the form simpler and more concentrated. Her last book, from which we have taken two examples, presents a tone of strong personality.

Isla

la isla island

Crear la poesía
es ante todo querer crear un mundo,
encontrar un terreno en armonía,
plantar en él los árboles;
dejar crecer un monte   5
en esa isla sin esperanza
a la que acabamos de llegar.
El pensamiento
repite y crea la misma realidad
—osmosis   10
estética—.
Como en el Evangelio,
cada poeta tiene su gran monte de olivos.

crear to create
ante todo above all
el terreno terrain, piece of land

crecer to grow   el monte woods
la esperanza hope
la que which

la estética aesthetics, beauty
el Evangelio Gospel
el olivo olive tree   (el Monte de Olivos Mount of Olives)

Hambre

Sólo el hambriento
conoce la belleza de las horas y de las estaciones;
sólo él
sabe lo que es un río, un árbol,
el temblor de la hierba bajo el frío,   5
el color de una hoja.
Dentro de sus ojos hambrientos
está el mar, está el bosque,
toda la tierra entera,
el color de las cosas,   10
la música dulcísima,
la poesía que crece como árbol invisible.
Todo el arte ha nacido de hambre,
del hambre del espíritu o de una esclavitud.
La voz del hambre canta maravillas,   15
cosas que turban, inquietan o espantan.
La voz del hambre es la voz del amor.

el hambriento hungry man
la estación season

el temblor trembling   la hierba grass
la hoja leaf

el bosque forest
entero entire

dulcísimo very sweet, sweetest

la esclavitud slavery
la maravilla marvel
turbar to disturb   inquietar to disquiet
espantar to frighten

A. *Answer the following questions on "Isla."*

1. ¿Qué es la isla de que ella habla? _____

_____

2. ¿Estamos en una isla cada uno de nosotros? _____

_____

3. Si somos poetas o "creadores" ¿qué podemos hacer en la isla? _____

_____

4. ¿Cree Ud. que los árboles son reales o imaginarios? (See "Hambre" also.) _____

_____

5. Si son imaginarios, ¿qué tiene que ver el pensamiento con los árboles? _____

_____

6. ¿Cómo funciona el pensamiento según Digna Palou? _____

_____

7. ¿Qué métodos usa el pensamiento para repetir y crear la misma realidad? _____

_____

8. ¿Qué significan para Ud. "osmosis" y "estética?" _____

_____

9. ¿Qué significa para Ud. el "gran monte de olivos?" _____

_____

10. ¿Por qué lo usa aquí la poetisa? _____

_____

B. *Answer the following questions on "Hambre."*

1. ¿De qué clase de hambre habla Digna Palou? _____

_____

2. ¿Qué clase de belleza conoce el hambriento? _____

_____

3. ¿Qué hay dentro de sus ojos? _____

_____

4. ¿De dónde viene el arte? _____

_____

5. ¿Qué canta la voz del hambre? _____

_____

6. ¿Está Ud. hambriento? _____

_____

COSAS POR CONTI

el televisor television set
estropeado broken

EL SHERIFF KING

"El Sheriff King" presents a slightly different point of view of the Indian than we are used to. In European and Hispanic movies the Indian is likely to be represented as the hero, not the murderous savage we have often witnessed on our movie screens. Although the view below is a sympathetic one, we still find that the Indian of this comic strip is depicted in an unfavorable light. After you have finished reading the story, tell why (in Spanish, of course) you find this story unfavorable to the Native American people.

EL SHERIFF KING

ESTRELLAS SOBRE TOLIMA

GUION: CASSAREL.
DIBUJOS: DIAZ.

dibujos drawings
el guión story
Tolima a town
sugerir to suggest
el recogimiento coziness
el hogar home
la convivencia convivialty
buen aspecto tiene looks good

el pato duck
querida dear
la receta recipe
servirse to be served
alejar to remove
del todo completely
acuciante urgent

al ladrón thief
por él after him
escarmentemos let's teach a lesson

la pandílla gang
el haragán bum
audaz daring

hambriento hungry
dejad leave
el asunto affair
acabar con to finish off

al diablo to devil with
solucionar to resolve
trufado stuffed with truffles

la **reserva** reservation
cazar to hunt
lo **siento** I'm sorry
el **delito** crime

el **robo** stealing
la **incursión** invasion
vedado forbidden

ha habido there has been
el **hurto** small theft
que yo sepa as far as I know
éste this one
impulsar to drive, impel
el **azote** whip

algún lugar no place
ni siquiera not even
la **tregua** respite
piadoso merciful
por igual equally

el **rencor** rancor
propio own
a caballo on your horses
mamaíta mama
la cena dinner
la Nochebuena Christmas Eve
justamente just

probar to try on
la chaqueta jacket
Príncipe Alberto Prince Albert, a style of
   jacket worn in the nineteenth century
traído brought
Londres London
el cotillón cotillon, dance

desconcertado disconcerted
ocultar to hide
la función show

el nacimiento birth
el éxito success

buscáis you look for
meterse to go in

rodead surround (command)
encargarse de to take charge of

despistarse to lose one's way
la boca mouth

el lobo wolf
conmovedor moving

se ha puesto has become
menudo quite a

la contrariedad obstacle

la mente mind
el rey mago Wise King
Belén Bethlehem

de prisa hurry
impacientarse to become impatient

110

capaz capable
semejante similar, such a
el fallo mistake

entretanto meanwhile
si están if they aren't
adivinar to guess

disfrazado disguised
fuera out
paso libre get out

el bellaco villain
no habéis oído haven't you heard
el pazguato dolt

111

se le notifica you just notify
asunto concluído the affair is finished
en paz in peace
soltar to let go
bajar to lower

el telón curtain
de una vez once and for all
la especie type, kind
testarudo stubborn

los modales manners
siquiera even
la fecha date, day
yo a lo mío me with mine
Usted a lo suyo you with yours
salirse con la suya to get away with this

de pronto suddenly
el suelo floor
el escenario stage
cuidado watch out

lo que Usted diga whatever you say
sáquenos take us out

el infierno hell
la mentirijilla little white lie
dar vergüenza to make ashamed
ensañarse to vent one's fury
el desgraciado unfortunate person

merecer to deserve
el escarmiento punishment
verá you will see
bis, bis, bis whisper, whisper

brillar to shine
la fuerza strength
el cielo sky
pasar de la raya to be too much
probar to taste

la salsita gravy
la orden order
el ama mistress
tajante final

A. *Write sentences from the words given below.*

1. Por favor, / volver Uds. / a casa.

_____

2. Est—— / indios / ser impulsad—— / el hambre.

_____

3. El deber / ocultarse / en alguna parte.

_____

4. El / haber / huído / y / haberse / metido / en la boca del lobo.

_____

5. Nos / faltar / mucho— / reyes.

_____

6. En Belén / hay / tres Reyes Magos.

_____

7. Los / hombre— / impacientarse.

_____

8. Bajar / Ud. / el telón / y sacarnos / de aquí.

_____

9. El suelo / abrirse / y / caerse / hombres / malos.

_____

10. Que / nos / dejar probar / pan / con salsita.

_____

B. _Use the following expressions in a Spanish sentence._

1. ni siquiera _____

_____

2. que yo sepa _____

_____

3. por igual _____

_____

4. veo en el aire _____

_____

5. en efecto _____

_____

6. yo me encargo de _____

_____

7. ponerse _____

_____

8. de prisa _____

_____

9. faltar _____

_____

10. ser capaz de _____

_____

11. se le notifica _____

_____

12. salirse con la suya _____

_____

13. dar vergüenza _____

_____

14. probar (ue) _____

_____

C. *Retell the story in Spanish orally, in your own words. The following questions indicate the general areas you should discuss.*

1. ¿Qué pasa con el pato?

2. ¿Cómo viven los indios?

3. ¿Qué hace el indio para escaparse de los ·hombres malos?

4. ¿Qué función presentan en el teatro?

5. ¿Qué pasa con los hombres malos que persiguen al indio?

VICTOR MANUEL, AGRESIVO

NATIVEL PRECIADO

Victor Manuel

Victor Manuel is a young protest singer from Asturias, in the north of Spain. Some of his early songs are about love, his native province, and his grandfather—"Carmina," "El tren de madera" ("The Wooden Train"), and "El abuelo" ("The Grandfather"). When he arrived in Madrid he achieved immediate popularity, and this first phase of his career culminated with a song about a soldier in Vietnam–"El cobarde" ("The Coward"). He sang it during President Nixon's visit to Madrid and dedicated it to him in protest against the war.

Victor Manuel recently made a trip to the Western Hemisphere. His music has since become more aggressive and his protests against the ills of our society more radical. He has, however, lost some of his audience with the new style. A reporter, Nativel Preciado, interviews him to discover why and how he has changed.

NP: —Vienes más exaltado que nunca, Victor Manuel.

VM: —No, no. Te equivocas. Llevo así ya mucho tiempo. No creo que yo esté muy exaltado, lo que sucede es que hago un tipo de canciones muy distintas.

NP: —¿A qué se debe este cambio, esta evolución tan vertiginosa? 5

VM: —No hay nada vertiginoso en mi evolución, al menos yo no creo que el cambio sea tan profundo. Ya estaba así cuando di los anteriores recitales en Madrid hace cosa de un año.

exaltado ultra-radical

equivocarse to be mistaken **llevar así** to have been like this

suceder to happen

distinto different

vertiginoso dizzy, giddy **al menos** at least

cosa de about

NP: —Ahora que no estás en ninguna lista te importan menos que antes los hit parades y demás . . .

VM: —Cada vez menos; cada día menos.

NP: —¿Tienes más o menos dinero que antes?

VM: —Muchísimo menos.

NP: —¿No lo ganas o es que lo pierdes?

VM: —Me lo gasto, lo pierdo, lo tiro, lo derrocho . . . Todo, menos invertirlo en acciones.

NP: —¿Han cambiado en ti mucho las cosas desde que ibas por tu primera casa de discos con las primeras canciones hasta estos momentos?

VM: —Sí, muchísimo. Antes era un chavalín imberbe que no sabía nada, nada de la vida. Ahora he aprendido algunas cosas más.

NP: —¿Te molestan los comentarios que hacen ahora de ti?

VM: —No los oigo. No sé nada de comentarios.

NP: —Has perdido a mucha gente que antes se entusiasmaba contigo; la gente de los pueblos y las romerías. ¿Crees más eficaz lo que haces ahora?

VM: —Mucho más. Lo que pasa es que no me gustaría perder ese público y me gustaría que ellos y yo evolucionáramos al mismo tiempo, que sigamos juntos.

NP: —¿Qué piensas hacer ahora?

VM: —El día 16 de julio grabaré un disco de canciones asturianas antiguas. Tengo una comedia musical medio terminada para Ana Belén. Muchas galas para este verano en toda España, en grandes espacios para mucho público; daré recitales en Barcelona. De cine no hay nada, porque trabajo a nivel de amigos y ahora no hay papeles para mí. Y, de momento, no saldré de España.

NP: —¿Cómo has visto las cosas en España a tu regreso de México?

VM: —Todo en orden; como una balsa de aceite.

10 **demás** other
cada vez menos less and less

15 **gastar** to spend   **tirar** to throw
derrochar to squander
invertir to invest   **la acción** stock
la casa de discos record store

20 **el chavalín** lad, boy   **imberbe** beardless, innocent

25 **entusiasmarse** to become enthusiastic
la romería pilgrimmage
eficaz effective

30

grabar to record
asturiano from Asturias, home of Victor Manuel
35 **la gala** festival
el espacio space
a nivel de with pull

40 **la balsa de aceite** very calm

Cuando Victor Manuel interpretaba canciones anticomerciales, las que habitualmente el público no aplaude, decía: "Estas canciones las canto sólo porque me gustan a mí, aunque sé que no marchan nunca en un recital." Y eso es lo que ha hecho siempre.

A. *Answer the following questions.*

1. ¿Quién es Victor Manuel? _____

_____

2. ¿De dónde es? _____

_____

3. ¿A dónde fue recientemente? _____

_____

4. ¿Qué clase de canciones cantaba en la primera época de su carrera? _____

_____

5. ¿Cómo se llama la canción sobre el soldado de Viet Nam? _____

_____

6. ¿Es más radical ahora que antes? _____

_____

7. ¿Qué hace con el dinero que gana? _____

_____

8. ¿Ha cambiado mucho desde sus primeros recitales? _____

_____

9. ¿Le molestan los comentarios que hacen de él? _____

_____

10. ¿Qué prefiere Victor Manuel que él y su público hagan? _____

_____

11. ¿Qué va a hacer ahora? _____

_____

12. Al regresar de México ¿cómo encuentra las cosas en España? _____

_____

13. ¿Qué ha hecho siempre? _____

_____

B. *Complete the following sentences, using the subjunctive.*

1. No creo que _____ *(I am very radical).*

2. No hay nada en mi evolución que _____ *(is dizzying).*

3. No creo que el cambio _____ *(is so profound).*

4. ¿Has aprendido algo que _____ (changes your life)?

5. Antes que _____ (you speak), le voy a hacer una pregunta.

6. Me gusta que el público _____ (change with me).

7. Me gusta que _____ (we continue together).

8. Trabajo para que _____ (there are recitals) este verano.

9. Seguiré cantando mis canciones aunque el público no _____ (applauds).

10. Siempre hace lo que _____ (he wants).

C. *Describe Victor Manuel in Spanish from the picture.*

ASÍ ES COMO *MAD* CONTESTA A LAS PREGUNTAS ESTÚPIDAS

ILUSTRADA Y ESCRITA POR AL JAFFEE

¿Le molestan las personas que hacen preguntas estúpidas? Muchas preguntas no son necesarias. Recomendamos que nunca conteste Ud. a una pregunta tonta o innecesaria. ¡Es mejor dar una respuesta sarcástica! Inténtelo. ¡Ud. es capaz de hacerlo! Sólo le hace falta sentido de humor y un poco de valor. ¿Me comprende? Bien.

Mire las situaciones siguientes y aprenda nuestras respuestas de memoria. Luego, intente escribir una réplica en el cuadro indicado. Practique esto. Pronto también hallará Ud. su propio estilo de responder, y sorprenderá a sus amigos con su agudeza.

molestar to bother

la respuesta response   **intentar** to try
5   **capaz** capable
hacer falta to need   **el valor** courage

la réplica reply   **el cuadro** square
hallar to find
10 **sorprender** to surprise
la agudeza wit, sharpness

frenar to brake
el vuelo flying

el chapucero junk dealer

© 1965

hacer daño to hurt
hiciera I do (*from* **hacer**)

la gimnasia gymnastics
el excusado toilet

© 1965

la cola line
al revés backwards

el vagón de cola the caboose

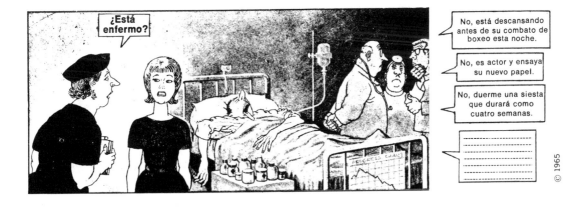

© 1965

descansar to rest
el combate match
ensayar to rehearse
el papel role

dormir to sleep
la siesta nap
durar to last

© 1965

acortar to cut short
el camino route, road
la cloaca sewer

bañarse to take a bath
la ropa puesta clothes on
derretirse to melt

variar to change
de lado sideways
parado stopped

la cabina booth
caber to fit in

salto de amantes Lovers' Leap
querer to love
haría would I do

cualquier any
sacar to get, to take out
lo rápido how fast

la reunión meeting
ensuciar to dirty

la alfombra rug
el viajante traveling salesman

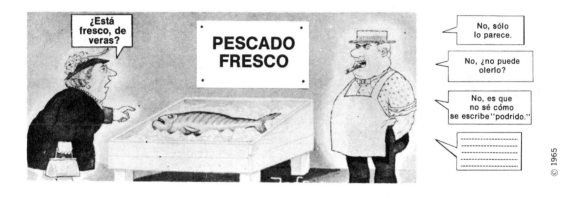

fresco fresh
el pescado fish

escribirse to spell
podrido rotten

Arco romano en el paisaje de la Alcarria.

VIAJE A LA ALCARRIA

CAMILO JOSÉ CELA

Vagabundaje, or wandering, is nothing new. In Spain it isn't done in a Volkswagen bus, but on foot. Spanish writers have been walking around the countryside for centuries and writing about their experiences. Here is an episode from *Viaje a la Alcarria* (a region just to the east of Madrid) by one of Spain's best modern writers. Cela is the author of *La familia de Pascual Duarte, La colmena (The Hive),* and many other novels and short stories.

V. Del Tajuña al Cifuentes

el Tajuña a river   **Cifuentes** a town

El viajero, a la caída de la tarde, baja hasta el río. A la izquierda, Tajuña arriba, va el camino de Masegoso y de Cifuentes; a la derecha, Tajuña abajo, el de Archilla o el de Budia. El viajero está indeciso y se sienta en la cuneta, de espaldas al pueblo, de cara al río, a esperar el momento de la decisión.

el viajero traveler
Masegoso a town
Archilla a town   **Budia** a town
indeciso undecided   **la cuneta** ditch
5 **de espaldas** with one's back to

Al viajero le pesan los párpados. Quizás, incluso haya dormido algún instante, con un sueño ligero, sin darse cuenta. Está inmóvil, a gusto, sin sentir las piernas, en la misma postura que tomó al sentarse. No hace ni frío ni calor.

pesar to weigh (heavily)   **incluso**
   including
inmóvil quiet   **a gusto** relaxed

Por la cuesta abajo viene, con calma, distraídamente, un hombre que camina detrás de un burro. El hombre anda como un caballero en derrota. Lleva la cabeza erguida y el mirar vago, como perdido. Tiene los ojos azules. El burro es un burro viejo, con el pelo gris y el espinazo en arco.

la cuesta slope   **distraídamente**
10   distractedly
la derrota defeat   **erguida** erect   **el mirar** glance
el espinazo backbone, spine   **en arco** swayed

Al viajero le da un salto el corazón en el pecho. Al acercarse el viejo, grita.

dar un salto to jump   **el corazón** heart
15   **el pecho** chest, breast
acercarse to draw near

—¡Eh!

Y el viejo, que lo ha reconocido, para el burro con la voz.

parar to stop
so word used to stop an animal

—¡So, Gorrión!

Gorrión name of burro ("Sparrow")

El burro se para y el viejo se sienta al lado del viajero.

—Buena tarde quedó.

20 **Buena tarde quedó** greeting: beautiful afternoon

—¡Ya, ya!

El viajero ofrece su petaca al viejo.

la petaca tobacco case

—¿Un cigarro?

—Eso nunca se desprecia,

despreciar to turn down

El viejo lía un pitillo grueso, abundante, un pitillo de amigo que envuelve parsimoniosamente, como recreándose. Está callado unos momentos y, mientras apaga con los dedos la larga mecha color naranja, pregunta, casi indeciso.

25 **liar** to roll   **el pitillo** cigarette   **grueso** thick
envolver to wrap   **parsimoniosamente** moderately   **recrearse** to enjoy oneself   **callado** quiet
apagar to put out
30 **la mecha** a kind of cigarette lighter used in the country   **color naranja** orange color

—¿Va usted a Cifuentes?

—No sé; no acababa de echar a andar. ¿Usted, sí?

no acababa de I hadn't yet

—Sí, allá me acercaré. Cifuentes es un pueblo, bueno, un pueblo con mucha riqueza.

Mujeres y niños de la Alcarria.

—Eso me han dicho.

—Pues es la verdad. ¿Usted no ha estado en Cifuentes?

—No; no he estado nunca.

—Pues véngase conmigo; son buena gente para los que andamos siempre dando vueltas.

El viejo pronunció sus palabras mirando vagamente para el horizonte.

—¡Buen tabaco!

—Sí; cuando se tienen ganas de fumar, no es malo.

Los dos amigos echan un trago de la cantimplora, y se levantan. El burro Gorrión lleva la mochila del viajero. Caminan hasta la noche, poco ya, comen un bocado y buscan, con las últimas temblonas luces de la tarde, un sitio para dormir.

Sobre la hierba, al pie de las tapias de adobe de una Harinera —la manta gris de algodón del viajero, debajo, la gruesa manta de lana a cuadros del viejo, por encima—los amigos se echan boca arriba, hombro con hombro, con la boina puesta y las cabezas reclinadas sobre el morral y la alforja.

Cantan los grillos y un perro ladra sin ira, prolongadamente, desganadamente, como cumpliendo un mandato ya viejo. Por la carretera pasa un carrito tirado por una mula ligera que va al trote, haciendo sonar las campanillas. Se oye, distante, la aburrida esquila de una vaca mansa. Un sapo silba desde la barbechera, al otro lado del camino.

El viajero se duerme como un tronco hasta la madrugada, cuando cantan los gallos por primera vez y el viejo le despierta pasándole unas hierbas por la cara.

—¿Andamos?

—Bueno.

35 **dar vueltas** to wander

tener ganas to feel like

echar un trago to take a swallow   **la cantimplora** jug

la mochila knapsack

40 **poco ya** not far away   **el bocado** mouthful

temblona trembling

la hierba grass   **la tapia** wall

la Harinera granary   **el algodón** cotton

la lana wool   **a cuadros** plaid   **echarse**

45 to throw oneself (down)

boca arriba on their backs   **el hombro** shoulder (**hombro con hombro** shoulder to shoulder)   **la boina** beret **puesta** wearing

el morral knapsack   **la alforja**

50 saddlebags

el grillo cricket   **ladrar** to bark   **la ira** anger

desganadamente disinterestedly   **el mandato** command

la carretera road   **el carrito** cart

55 **tirado** drawn   **ligera** swift   **al trote** at a trot

la campanilla little bell

la esquila cow bell   **manso** tame   **el sapo** toad   **la barbechera** plowed field

60 **el tronco** log   **la madrugada** dawn

el gallo rooster

El viejo se levanta y estira los brazos. Dobla la manta con cuidado, la carga sobre el burro y bosteza.

—Yo siempre ando después de las doce, cuando canta el gallo. Parece que se va mejor, ¿no cree usted? Yo digo que la mañana se ha hecho para andar y la noche para dormir.

—Sí, eso pienso yo.

Es aún noche oscura. Hace fresquito y se camina bien.

—Y si hemos dormido una noche bajo la misma manta, cambiando los calores, es que ya somos amigos, ¿no le parece?

El viejo se para, cuando añade:

—Vamos, ¡digo yo!

El viajero piensa que sí, pero no responde.

—Porque, ¿usted sabe de fijo cuando nos vamos a separar?

—No.

Los amigos comen, mientras marchan, un bocado de pan y de chorizo. El viajero va en silencio, oyendo al viejo, que canta, en voz baja, un aire alegre y despreocupado. El burro Gorrión va unos pasos delante, suelto, moviendo las orejas a compás. A veces se para y arranca con sus dientes inmensos un cardo o una amapola de la cuneta.

El viajero y el viejo hablan del burro.

—Para bestia es ya tan viejo como yo para hombre. Pero sólo Dios sabe quién ha de morir antes.

En la oscuridad, con la manta por los hombros, el viejo filosofa, con la voz ligeramente velada y el aire fantasmal.

—Y siempre va suelto, ya lo ve usted, y unos pasos adelante.

El viejo aprieta un brazo del viajero.

—Y la noche que me quede, igual que un perro, tirado en el camino, le diré con las fuerzas que aún me resten: "¡Arre, Gorrión!" y el Gorrión seguirá andando hasta que el día venga y alguien se lo tope. A lo mejor todavía dura cuatro o cinco años más.

El viejo se calla un instante y cambia la voz, que ahora tiene unos agudos extraños.

—En la albarda lleva cosido un papel que dice: "Cógeme, que mi amo ha muerto." Me lo escribió con letra redondilla el boticario de Tenebrón, cerca de Ciudad Rodrigo, dos años antes de la guerra.

Se callan otro rato y el viejo suelta una carcajada.

—Echemos un traguito, que por ahora aún estoy muy duro, aún nadie ha de leer la letra del boticario.

—¡Que sea verdad!

—Y usted que lo vea.

Los amigos llevan andando ya un largo rato—un largo rato de tres o cuatro horas—cuando cruzan por Masegoso.

—Por mí nos quedamos, yo no tengo prisa.

—¿Se cansa?

—No, yo no. Si quiere, vamos hasta Cifuentes.

estirar to stretch **doblar** to fold
bostezar to yawn
fresquito fresh

el calor (body) heat
añadir to add

de fijo for certain

el chorizo sausage **oyendo** listening to
en voz baja in a low voice **el aire** song **despreocupado** carefree
la oreja ear **a compás** in time
arrancar to pull out **el diente** tooth **el cardo** thistle **la amapola** poppy

la bestia beast
ha de will

ligeramente lightly **velado** muffled **fantasmal** vague
suelto loose, not tied
apretar to squeeze
tirado thrown (down)

restar to remain **arre** giddap
topar to run into (by accident) **a lo mejor** probably **durar** to last

el agudo high note **extraño** strange
la albarda saddle **cosido** sewn
cógeme catch me
el amo master **la letra** handwriting, letter (of the alphabet) **redondilla** very round **el boticario** pharmacist
soltar to let loose **la carcajada** laugh
echemos un traguito let's have a swallow (of alcohol) **duro** in good shape, hard
que sea verdad may it be true
y usted que lo vea and may you see it come true

por mí as for me
cansarse to get tired

El burro Gorrión, el viejo y el viajero cruzan el puente sobre 110 **el pescador** fisherman **pasear** to take a walk
el Tajuña. Un pescador pasea por la orilla del río. El pueblo queda
a un lado, con el sol por detrás. **por detrás** behind

A. *Answer the following questions.*

1. ¿Dónde se sienta el viajero? _____

_____

2. ¿Qué espera? _____

_____

3. ¿Durmió el viajero?_____

_____

4. ¿Cómo es el hombre que baja la cuesta hacia él? _____

_____

5. ¿Cómo es el burro?_____

_____

6. ¿Cómo expresa el viajero sus sentimientos de amistad para el viejo? _____

_____

_____

7. ¿Cómo decide el viajero ir a Cifuentes? _____

_____

8. Describa Ud. el sitio donde duermen. _____

_____

_____

9. Describa Ud. los ruidos de la noche. _____

_____

_____

10. ¿A qué hora de la mañana empiezan a andar? _____

_____

_____

11. ¿Ha pensado el viejo en la muerte? _____

_____

12. ¿Qué hará el viejo cuando se muera? _____

_____

13. ¿Cómo se ha preparado para ese momento? _____

_____

_____

14. ¿Qué hacen los dos para olvidarse de la muerte? _____

_____

15. ¿Cuánto tiempo llevan andando cuando llegan a Masegoso? _____

_____

16. ¿Se quedan en Masegoso? ¿A dónde van? ¿Qué hora será, más o menos? _____

_____

_____

B. *Use the following expression in a Spanish sentence and translate the sentence into English.*

1. a la izquierda _____

_____

2. darse cuenta_____

_____

3. hace calor_____

_____

4. cuesta abajo _____

_____

5. acabar de _____

_____

6. tener ganas _____

7. boca arriba _____

8. de fijo _____

9. haber de _____

10. tener prisa _____

LA ISLA AL MEDIODÍA

JULIO CORTÁZAR

Julio Cortázar is a modern Argentine writer. "La isla al mediodía" is taken from a collection of short stories called *Todos los fuegos, el fuego,* published in 1966. In this selection Cortázar presents two possible realities—one, the jet-age world whose pace is so rapid that time and relationships with others have lost their meaning; the other, the world of the "island." On the island human beings can interact with the natural world and with one another, and they are in tune with their own nature, which, Cortázar implies, is basically good. Each world, although apparently separate and unconnected, intrudes inexplicably into the other. The island symbolizes our hope for a future life more fitted to human dimensions.

La primera vez que vio la isla, Marini estaba cortésmente inclinado sobre los asientos de la izquierda, ajustando la mesa de plástico antes de instalar la bandeja del almuerzo. La pasajera lo había mirado varias veces mientras él iba y venía con revistas o vasos de whisky; Marini se demoraba ajustando la mesa, preguntándose aburridamente si valdría la pena responder a la mirada insistente de la pasajera, una americana de las muchas, cuando en el óvalo azul de la ventanilla entró el litoral de la isla, la franja dorada de la playa, las colinas que subían hacia la meseta desolada. Corrigiendo la posición defectuosa del vaso de cerveza, Marini sonrió a la pasajera. "Las islas griegas," dijo. "Oh, yes, Greece," repuso la americana con un falso interés. Sonaba brevemente un timbre y el steward se enderezó, sin que la sonrisa profesional se borrara de su boca de labios finos. Empezó a ocuparse de un matrimonio sirio que quería jugo de tomate pero en la cola del avión se concedió unos segundos para mirar otra vez hacia abajo; la isla era pequeña y solitaria, y el Egeo la rodeaba con un intenso azul que exaltaba la orla de un blanco deslumbrante y como petrificado, que allá abajo sería espuma rompiendo en los arrecifes y las caletas. Marini vio que las playas desiertas corrían hacia el norte y el oeste, lo demás era la montaña entrando a pique en el mar. Una isla rocosa y desierta, aunque la mancha plomiza cerca de la playa del norte podía ser una casa, quizá un grupo de casas primitivas. Empezó a abrir la lata de jugo, y al enderezarse la isla se borró de la ventanilla; no quedó más que el mar, un verde horizonte interminable. Miró su reloj pulsera sin saber por qué; era exactamente mediodía.

Durante la escala de Beirut miró el atlas de la stewardess, y se preguntó si la isla no sería Horos. El radiotelegrafista, un francés indiferente, se sorprendió de su interés. "Todas esas islas se pa-

el asiento seat
la bandeja tray   la pasajera passenger
5 demorarse to take time, to be delayed
valer la pena to be worthwhile
de las muchas like all the others
el litoral shore   la franja edge
dorado golden   la colina hill   la
10 meseta plateau
desolado desolate   corregir to correct
defectuoso faulty
sonreír to smile   griego Greek
repuso (reponer) to reply   sonar to ring
el timbre bell   enderezarse to
15 straighten up
borrarse to be erased   el labio lip
fino thin
ocuparse to busy himself   el
matrimonio couple   sirio Syrian
la cola tail   concederse to give himself
20 el Egeo Aegean Sea
la orla fringe
deslumbrante dazzling   petrificado
petrified   la espuma foam
el arrecife reef   la caleta small bay
lo demás the rest
25 a pique in the form of a sharp cliff
rocoso rocky   la mancha spot, stain
plomizo lead-colored
la lata can
el reloj pulsera wrist watch
la escala stop, landing
30 el radiotelegrafista radio operator
sorprenderse to be surprised
parecerse to look alike

133

recen, hace dos años que hago la línea y me importan muy poco.
Sí, muéstremela la próxima vez." No era Horos sino Xiros, una
de las muchas islas al margen de los circuitos turísticos.

En la agencia de viajes le dijeron que habría que fletar un barco
especial desde Rynos, o quizá se pudiera viajar en la falúa que
recogía los pulpos, pero esto último sólo lo sabría Marini en
Rynos donde la agencia no tenía corresponsal. De todas maneras
la idea de pasar unos días en la isla no era más que un plan para
las vacaciones de junio; en las semanas que siguieron hubo que
reemplazar a White en la línea de Túnez, y después empezó una
huelga y Carla se volvió a casa de sus hermanas en Palermo.
Marini fue a vivir a un hotel cerca de Piazza Navona.

En Roma empezó a llover, en Beirut lo esperaba siempre Tania;
un día fue otra vez la línea de Teherán, la isla a mediodía. El
tiempo se iba en cosas así, en infinitas bandejas de comida, cada
una con la sonrisa a la que tenía derecho el pasajero. En los viajes
de vuelta el avión sobrevolaba Xiros a las ocho de la mañana;
Marini prefería esperar los mediodías del vuelo de ida, sabiendo
que entonces podía quedarse un largo minuto contra la ventanilla
mientras Lucía (y después Felisa) se ocupaba un poco irónicamente del trabajo. Una vez sacó una foto de Xiros pero le
salió borrosa; ya sabía algunas cosas de la isla, había subrayado
las raras menciones en un par de libros. Felisa le contó que los
pilotos lo llamaban el loco de la isla, y no le molestó. Carla
acababa de escribirle que había decidido no tener el niño, y
Marini le envió dos sueldos y pensó que el resto no le alcanzaría
para las vacaciones. Carla aceptó el dinero y le hizo saber por una
amiga que probablemente se casaría con el dentista de Treviso.
Todo tenía tan poca importancia a mediodía, los lunes y los jueves
y los sábados (dos veces por mes, el domingo).

Ya no tenía sentido esperar más, Mario Merolis le prestaría el
dinero que le faltaba para el viaje, en menos de tres días estaría
en Xiros. Nada era difícil una vez decidido, un tren nocturno, un
primer barco, otro barco viejo y sucio, la escala en Rynos, la
negociación interminable con el capitán de la falúa, la noche en
el puente, pegado a las estrellas, el sabor del anís y del carnero,
el amanecer entre las islas. Desembarcó con las primeras luces,
y el capitán lo presentó a un viejo que debía ser el patriarca.
Klaios le tomó la mano izquierda y habló lentamente, mirándolo
en los ojos. Vinieron dos muchachos y Marini entendió que eran
los hijos de Klaios.

Lo dejaron solo para irse a cargar la falúa, y después de quitarse
a manotazos la ropa de viaje y ponerse un pantalón de baño y unas
sandalias, echó a andar por la isla. La piel le quemaba de sol y
de viento cuando se desnudó para tirarse al mar desde una roca;
el agua estaba fría y le hizo bien. Supo sin la menor duda que no

hacer la línea to fly this route
muéstremela show it to me
al margen on the edge
la agencia de viajes travel agency
habría que one would have to **fletar**
to charter
la falúa launch
recoger to pick up **el pulpo** octopus
sabría (saber) would find out
el corresponsal branch
reemplazar to replace

el derecho right
de vuelta return (trip) **sobrevolar** to fly
over
el vuelo flight **de ida** outgoing (trip)

sacar una foto take a picture
borroso blurred **subrayar** to underline
el par couple, two
molestar to bother

alcanzarle to be enough for him
le hizo saber she let him know

tener sentido to make sense

el puente bridge **pegado** close **el**
sabor taste **el anís** licorice aperitif
el carnero mutton
el amanecer dawn **desembarcar** to
disembark **las primeras luces** first
light (of dawn)

cargar to load

a manotazos by large handfuls **el**
pantalón de baño bathing suit
echar a to begin **la piel** skin **quemar**
to burn
desnudarse to take off clothes **tirarse**
to throw oneself
le hizo bien it did him good **sin la**
menor duda without the slightest
doubt

se iría de la isla, que de alguna manera iba a quedarse para siempre en la isla. Alcanzó a imaginar a su hermano, a Felisa, sus caras cuando supieran que se había quedado a vivir de la pesca en un peñón solitario. Ya los había olvidado cuando giró sobre sí mismo para nadar hacia la orilla. Estaba en Xiros, estaba allí donde tantas veces había dudado que pudiera llegar alguna vez. Se dejó caer de espaldas entre las piedras calientes, resistió sus aristas y sus lomos encendidos, y miró verticalmente el cielo; lejanamente le llegó el zumbido de un motor.

Cerrando los ojos se dijo que no miraría el avión, que no se dejaría contaminar por lo peor de sí mismo que una vez más iba a pasar sobre la isla. Pero en la penumbra de los párpados imaginó a Felisa con las bandejas, en ese mismo instante distribuyendo las bandejas, y su reemplazante, tal vez Giorgio o alguno nuevo de otra línea, alguien que también estaría sonriendo mientras alcanzaba las botellas de vino o el café. Incapaz de luchar contra tanto pasado abrió los ojos y se enderezó, y en el mismo momento vio el ala derecha del avión, casi sobre su cabeza, inclinándose inexplicablemente, el cambio de sonido de las turbinas, la caída casi vertical sobre el mar. La cola del avión se hundía a unos cien metros, en un silencio total. Marini esperaba todavía que el avión volviera a flotar; pero no se veía más que la blanda línea de las olas, una caja de cartón oscilando absurdamente cerca del lugar de la caída.

80 **alcanzar** to manage (to stretch his imagination)
la pesca fishing
el peñón large rock **girar sobre sí mismo** to turn
nadar to swim **la orilla** shore
alguna vez once upon a time
dejarse caer to drop **de espaldas** on his back
85 **las aristas** sharp edges **el lomo** ridge
encendido hot
lejanamente in the distance **el zumbido** hum
lo peor the worst part
90 **la penumbra** darkness **el párpado** eyelid

alcanzar to offer
el pasado the past
el ala wing **inclinarse** to tip, to bend
95 **el sonido** sound **la turbina** turbine **la caída** fall
hundirse to sink **a unos cien metros** at about one hundred meters
blando soft
la caja de cartón cardboard box
100 **oscilar** to bob, to sway

A. *The following sentences and phrases use the conditional tense. Translate the underlined portions into English.*

1. preguntándose aburridamente <u>si valdría la pena responder</u> _____

_____

2. que exaltaba la orla de un blanco deslumbrante y como petrificado, <u>que allá abajo sería espuma</u> _____

_____

3. <u>se preguntó si la isla no sería Horos</u> _____

_____

4. <u>que probablemente se casaría con el dentista de Treviso</u> _____

_____

5. <u>Mario Merolis le prestaría el dinero que le faltaba para el viaje</u> _____

_____

6. en menos de tres días estaría en Xiros _____

_____

7. Supo sin la menor duda que no se iría de la isla _____

_____

8. Cerrando los ojos se dijo que no miraría el avión, que no se dejaría contaminar _____

_____

_____

9. Alguien que también estaría sonriendo mientras alcanzaba las botellas de vino o el café

_____

B. *Answer the following questions.*

1. ¿Qué hace Marini para ganarse la vida? _____

_____

2. ¿Cómo son los pasajeros? _____

_____

_____

3. ¿Es interesante su trabajo? ¿Por qué? _____

_____

_____

4. ¿Cuándo ve Marini la isla por primera vez? ¿Qué hora es? _____

_____

_____

5. Describa su primera impresión. _____

_____

_____

6. ¿Quién lo ayuda a descubrir el nombre de la isla? ¿Cómo se llama la isla? _____

_____

_____

7. En la agencia de viajes ¿qué detalles le dieron para llegar allá? _____

_____

_____

8. ¿Quién es Carla? ¿Felisa? ¿Tania? _____

_____

_____

9. ¿Está enamorado Marini de alguna de ellas? _____

_____

10. ¿De qué está enamorado Marini? _____

_____

11. ¿Cómo lo llaman a él los pilotos? _____

_____

12. ¿Es fácil o difícil el viaje a Xiros? _____

_____

13. ¿Quién es Klaios? _____

_____

14. ¿Qué hace Marini primero cuando está solo en la isla? _____

_____

15. ¿Cuándo decide quedarse para siempre? _____

_____

16. ¿Qué sonido interrumpe su descanso en la orilla del mar? _____

_____

17. Al reconocer Marini este sonido ¿qué decide hacer? _____

_____

18. ¿Qué puede ver en su imaginación? _____

_____

_____

19. Al abrir los ojos ¿qué ve? _____

_____

20. ¿Se hunde o se salva el avión? _____

_____

21. ¿Qué ha ocurrido con su pasado? _____

_____

C. *Describa Ud. oralmente una isla donde le gustaría vivir, dando detalles sobre las preguntas si-*
guientes.

1. ¿En qué parte del mundo está su isla?

2. ¿Cómo va a llegar allí?

3. ¿Qué clima tiene?

4. ¿Cómo es la gente que vive allá?

5. ¿Qué va a hacer Ud. en la isla?

6. ¿Se va a quedar? ¿Por cuánto tiempo?

7. O tal vez Ud. no quiere ir a una isla. Si quiere ir a otro sitio, descríbalo. Si no quiere ir a
   ninguna parte, explique por qué.

COSAS POR CONTI

Era un país tan socialmente desarrollado que
le jubilaron a los cuarenta y cinco años.
Lástima que, con lo que le daban, tuvo que
irse a vivir bajo un puente.

desarrollado developed
jubilar to retire
10 **lástima que** pity that
el puente bridge

CIVILIZACIÓN Y BARBARIE—
VIDA DE JUAN
FACUNDO QUIROGA

DOMINGO FAUSTINO SARMIENTO

The history of Latin American countries has often been characterized by dictatorships of a very brutal kind. Domingo Faustino Sarmiento (1811–88), writer and president of Argentina, tried to analyze this phenomenon in his country and concluded that the constant efforts of human beings to dominate a powerful and often brutal nature may have been the cause for the rise of the *caudillo*. A *caudillo* is a regional boss or dictator who governs by personal and absolute rule. In many Latin American countries ruthless, personal rule predominated in the less populated countryside, while rule by law governed the city. The term "civilización y barbarie" relates to this difference and to the dispute between freedom of the individual and submission to impersonal law. In Latin America the answer to these two extremes has not yet been found.

The following is a selection from *Civilización y barbarie*. It is a description of Facundo, a *caudillo* from the interior of Argentina. Facundo played an important role in Argentine political struggles in the early nineteenth century, prior to the presidency of Domingo Faustino Sarmiento. Although Sarmiento strongly disapproves of *caudillismo*, the reader can sense a certain amount of admiration and sympathy on his part for the powerful and colorful figure of Facundo.

Facundo, porque así lo llamaron largo tiempo los pueblos del interior, el general don Facundo Quiroga, el excelentísimo brigadier general don Juan Facundo Quiroga; Facundo, pues, era de estatura baja y fornida; sus anchas espaldas sostenían sobre un cuello corto una cabeza bien formada, cubierta de pelo espesísimo, negro. Su cara, poco ovalada, estaba hundida en medio de un bosque de pelo, a que correspondía una barba igualmente

la **estatura** stature **fornido** robust
ancho broad **las espaldas** shoulders, back
5 **espesísimo** very thick **ovalado** oval
hundido sunken
el bosque forest **corresponder** to be matched by **barba** beard

espesa, igualmente crespa y negra, que subía hasta los pómulos, bastante pronunciados, para descubrir una voluntad firme y tenaz.

Facundo Quiroga fue hijo de un sanjuanino de humilde condición, pero que había adquirido una regular fortuna. El año 1799 fue enviado Facundo a la patria de su padre a recibir la educación limitada que podía adquirirse en las escuelas: leer y escribir. Allí, el maestro, cansado de luchar con este carácter indomable, se provee una vez de un látigo nuevo y duro, y enseñándolo a los niños, aterrados, "éste es—les dice—para estrenarlo en Facundo." Facundo, de edad de once años, oye esta amenaza y al día siguiente la pone a prueba. No sabe la lección, pero pide al maestro que le escuche. Facundo comete un error, comete dos, tres, cuatro; entonces el maestro hace uso del látigo, y Facundo, que todo lo ha calculado, le da una bofetada, y entre el alboroto que esta escena suscita, toma la calle y va a esconderse en ciertos parrones de una viña, de donde no se le saca sino después de tres días. ¿No es ya el caudillo que va a desafiar más tarde a la sociedad entera?

Facundo reaparece en los Llanos en la casa paterna. A esta época se refiere un suceso que está muy válido y del que nadie duda. Se cuenta que habiéndose negado su padre a darle una suma de dinero que le pedía, acechó el momento en que padre y madre durmieran la siesta para poner aldaba a la pieza donde estaban y prender fuego al techo de paja con que están cubiertas por lo general las habitaciones de los Llanos.

Su padre pidió una vez al gobierno de La Rioja que lo prendieran para contener sus demasías, y que Facundo, antes de fugarse de los Llanos, fue a la ciudad de La Rioja, donde se hallaba su padre, y cayendo de improviso sobre él, le dio una bofetada, diciéndole: "¿Usted me ha mandado prender? ¡Tome, mándeme prender ahora!", con lo cual montó en su caballo y partió a galope para el campo. Pasado un año, se presenta de nuevo en la casa paterna, se echa a los pies del anciano, confunden ambos sus sollozos, y entre las protestas de enmienda del hijo y las reconvenciones del padre, la paz queda restablecida, aunque sobre base efímera. Pero su carácter y hábitos desordenados no cambian.

Toda la vida pública de Quiroga me parece resumida en estos datos. Veo en ellos el hombre grande, el hombre genio a su pesar, sin saberlo él, el César, el Tamerlán, el Mahoma. Ha nacido así, y no es culpa suya; se abajará en las escalas sociales para mandar, para dominar, para combatir el poder de la ciudad, la partida de la policía. Si le ofrecen una plaza en los ejércitos la desdeñará, porque no tiene paciencia para aguardar los ascensos, porque hay mucha sujeción, muchas trabas puestas a la independencia individual; hay generales que pesan sobre él, hay una casaca que oprime el cuerpo y una táctica que regla los pasos; ¡todo esto es insufrible! La vida de a caballo, la vida de peligros y emociones fuertes han acerado su espíritu y endurecido su corazón; tiene odio invencible, instintivo, contra las leyes que lo han perseguido, contra los jueces que lo han condenado, contra toda esa sociedad y esa organización de que se ha sustraído desde la infancia y que lo mira con prevención y menosprecio. "Es el hombre de la naturaleza que no ha aprendido aún a contener o a disfrazar sus pasiones, que las muestra en toda su energía, entregándose a toda su impetuosidad." Ese es el carácter del género humano, y así se muestra en las campañas pastoras de la República Argentina. Facundo es un tipo de la barbarie primitiva; no conoció sujeción de ningún género.

Es inagotable el repertorio de anécdotas de que está llena la memoria de los pueblos con respecto a Quiroga; sus dichos, sus expedientes, tienen un sello de originalidad. Se cuenta de él que entre los individuos que formaban una compañía se había robado un objeto y todas las diligencias practicadas para descubrir el raptor habían sido infructuosas. Quiroga forma la tropa, hace cortar tantas varitas de igual tamaño cuantos soldados había; hace en seguida que se distribuyan a cada uno, y luego, con voz segura, dice: "Aquél cuya varita aparezca mañana más grande que las demás, ése es el ladrón." Al día siguiente se formó de nuevo la tropa, y Quiroga procede a la verificación y comparación de las varitas. Un soldado hay cuya vara aparece más corta que las otras. "¡Miserable!"—le grita Facundo con voz aterrante— "¡tú eres . . . !" Y, en efecto, él era; su turbación lo dejaba conocer demasiado. El expediente es sencillo: el crédulo gaucho, temiendo que, efectivamente, creciese su varita, la había cortado un pedazo. Pero se necesita cierta superioridad y cierto conocimiento de la naturaleza humana para valerse de estos medios.

De estos hechos hay a centenares en la vida de Facundo, y que, al paso que desuben un hombre superior, han servido para labrarle una reputación misteriosa de poderes sobrenaturales.

la **táctica** tactics **reglar** to regulate **el paso** step
a caballo on horseback
acerar to harden, to make like steel
endurecer to harden
invencible unconquerable **perseguir** to persecute
el juez judge
sustraerse to withdraw, to drop out
la prevención suspicion **el menosprecio** scorn
disfrazar to disguise
mostrar to show **entregarse** to give oneself over to
el género kind **el género humano** humankind, the human race
la campaña countryside **pastora** pastoral
inagotable inexhaustible
el expediente measure, way of doing
el sello stamp
se había robado had been stolen
la diligencia effort **el raptor** thief
infructuoso fruitless **formar la tropa** to call together the troops **hace cortar** orders cut
tantas . . . cuantos as many . . . as **la varita** little stick **el tamaño** size
aquél the one, that one **cuya** whose
aparecer to appear
el ladrón thief
la verificación test
aterrante terrifying
¡tú eres! you are the one! **dejar conocer** to reveal
crédulo naive **el gaucho** cowboy of the pampa (here, also, a soldier)
temer to fear **creciese** would grow
valerse to make use of **el medio** means
a centenares by the hundreds
al paso while **labrar** to carve
sobrenatural supernatural

A. *Change the underlined verbs, which are in the present tense, to the imperfect or the preterit. If you think either imperfect or preterit may be used, be sure to explain your reasons. Write the new verb forms above the underlined ones.*

Facundo, de edad de once años, oye esta amenaza y al día siguiente la pone a prueba. No sabe la lección, pero pide al maestro que le escuchara. Facundo comete un error, comete dos, tres, cuatro; entonces el maestro hace uso del látigo, y Facundo, que todo lo había calculado, le da una bofetada, y entre el alboroto que esta escena suscita, toma la calle y va a esconderse en ciertos parrones de una viña, de donde no se le saca sino después de tres días. ¿No es ya el caudillo que va a desafiar más tarde a la sociedad entera?

B. *Answer the following questions.*

1. ¿Cómo era Facundo? _____

_____

2. ¿Qué reveló su aspecto físico? _____

_____

3. ¿Qué tipo de carácter mostró en la escuela? _____

_____

4. ¿Cómo trató a sus padres? _____

_____

5. ¿Qué resiste siempre Facundo? _____

_____

6. ¿Qué representa él para Sarmiento? _____

_____

7. ¿Por qué no le gusta el ejército? _____

_____

8. ¿Qué haría para dominar? _____

_____

9. Si Facundo representa la barbarie, ¿qué representa la civilización? _____

_____

10. ¿Cómo descubrió Facundo al ladrón? _____

_____

11. ¿Qué revela este incidente de su carácter? _____

_____

12. ¿Qué reputación tenía Facundo en la pampa de la Argentina? _____

_____

C. *Geography.*

1. ¿Dónde está la Argentina? _____

   _____

2. ¿Cuál es la capital? _____

   _____

3. ¿Dónde está la pampa? _____

   _____

4. ¿Cómo es la pampa? _____

   _____

5. ¿Dónde está Córdoba? _____

   _____

6. ¿Dónde está la Rioja? _____

   _____

7. ¿Dónde está San Juan? _____

   _____

8. ¿Qué es Patagonia? _____

   _____

9. ¿Cuál es la distancia entre Buenos Aires y los Andes? _____

   _____

10. ¿Y entre Tierra del Fuego y la frontera con Bolivia? _____

    _____

11. ¿Cuáles son los productos principales de la Argentina? _____

    _____

12. ¿Es parecida la Argentina a los Estados Unidos? ¿Cómo? _____

    _____

Solutions to Crossword Puzzles

COLORS

Crossword solution grid (COLORS):
- NARANJA
- G — M — B
- VE — ACA — L
- ESMERALDA
- R — GRIS — EN
- DE — ALTO — C
- ES — LARGO
- OTOÑO
- ASÍ — OSO

MACHINES

Crossword solution grid (MACHINES):
- GARAGES
- L — G
- MÁQUINA — A
- O — AV — U
- TE — T
- O — FRENO
- R — F — NOS

VAMOS DE COMPRAS

Crossword solution grid (VAMOS DE COMPRAS):
- SHOESTORE
- TAILOR — E
- O — LEMONS — S
- CO — VET — ON
- K — SA — SOLE
- I — AT — ADE
- NYLON — K — D
- G — ER — DEAL
- SESSION — E

VOCABULARIO

The vocabulary listed in this section includes all the words which occur in the reading selections and exercises, with the exception of those glossed in the comic strips. Excluded also are personal pronouns, conjugated verb forms, most past participles (unless used as adjectives or nouns), regularly formed diminutives (unless there is a spelling change), and proper nouns explained in the glosses. Gender has been indicated by an *f.* (feminine) or *m.* (masculine) following the noun. Vowel changes in the verbs are shown in parentheses after the verb. Only meanings corresponding to text use have been given. In the case of a word serving as two or more parts of speech, i.e., **francés**—noun and adjective, the part of speech has been indicated after the word. The following abbreviations are used:

adj.	adjective
adv.	adverb
conj.	conjunction
f.	feminine
m.	masculine
m. or f.	masculine or feminine
n.	noun
p.p.	past participle

a to, at
abajar to come down
abajo below
  abajo con down with
abandonado, a abandoned
abril April
abrir to open
  abierto, a open
absurdamente absurdly
abuela grandmother
abundante abundant
aburridamente in a bored way
aburrido, a bored
acá here
acabar to finish
  acabar de to have just
  acabar por to end by
  acabarse to come to an end; to finish off
acatar to respect
accidente *m.* accident
acción *f.* action; stock
acechar to spy
aceptar to accept
acerar to harden, to make like steel
acerca de about
acercarse to come or go near
activo, a active
actor *m.* actor

acuario Aquarius
acuerdo accord, agreement
  de acuerdo con in agreement with
acusación *f.* accusation
acusar to accuse
además besides
adivinar to guess
admirable admirable
admirado, a admired
adobe *m.* mud plaster or brick
afeitarse to shave
aficionado *n.* fan
afirmación *f.* affirmation
afirmar to affirm, to state
africano, a African
afuera outside
agencia agency
agente *m.* agent
  agente de bolsa stockbroker
agosto August
agradable pleasant
agresivo, a aggressive
agua water
aguardar to wait for
agudo *n.* high note
aguja needle
agujero hole
ahí there

ahora now
ahorcarse to hang oneself
aire *m.* air
ajeno, a of others
ajustar adjust
ala wing
alarmarse to become alarmed
alboroto confusion, noise
alcanzar to reach, to be enough, to manage, to offer
aldaba padlock
alegre happy
alegría happiness, joy
alemán *adj.* German; *n.* the German
al fin finally
alforja saddle bags
algo something
algodón *m.* cotton
alguien someone
algún(o), a some
allá there
allí there
alquilar to rent
altar *m.* altar
alto, a high, tall
alzarse to rise up
amable nice
amablemente pleasantly
amanecer *m.* dawn
amante *m.* lover
amapola poppy
amar to love
amarillo, a yellow
ambiente *m.* atmosphere, surroundings
ambos, as both
amenaza threat
América del Sur South America
amigo friend
amistad *f.* friendship
amistoso, a friendly
amor *m.* love
amueblar to furnish
análisis *m.* analysis
ancho, a broad
anciano *n.* old person
andar to go, to walk, to function (machinery)
anécdota anecdote
aniquilar to annihilate
anís *m.* licorice aperitif
ante before
  ante todo above all
anterior previous
antes de before

anticomercial anticommercial
antiguo, a old
antipolución *f.* antipollution
anunciar anounce
anuncio ad
añadir to add
año year
  año nuevo New Year
apagar to put out
aparato apparatus
aparecer to appear
apasionado, a passionate
apetito appetite
aplaudir to applaud
apoderarse to take over
apoyar to support
aprehensión *f.* capture
aprender to learn
apretado, a close together
apretar (ie) to squeeze, to press
apropiado, a appropriate
aquel, aquella that
árabe *m.* Arabian (language), *n.* the Arabian
árbol *m.* tree
archivo file
arco arch
  en arco swayed
aries *m.* Aries
arista sharp edge
arma arm (weapon)
armado, a armed
armonía harmony
arrancar to pull out
arre giddap
arrecife *m.* reef
arriba up, up with
arriero muleteer
arriesgar to risk
arte *f.* art
artista *m. or f.* artist
asaltante *m.* assailant
ascenso promotion
ascensor *m.* elevator
asesinado, a assassinated
asesino assassin
así thus, so, like that
  así que so
asiento seat
asombrado, a astonished
asombrarse to be astonished
asociación *f.* association
aspecto aspect

asunto affair, subject
asustado, a frightened
asustar to frighten
atender (ie) to attend
aterrado, a terrified
aterrante terrifying
atlas *m.* atlas
atmósfera atmosphere
atmosférico, a atmospheric
atómico, a atomic
atormentar to torment
aún even
aunque although
automáticamente automatically
automóvil *m.* car
   auto car
autopsia autopsy
autoridad *f.* authority
avenida avenue
avión *m.* plane
ayuda help
ayudar to help
azul blue

Babilonia Babylonia
bachiller *m.* high school degree
bajar to go down, to lower
bajo, a low; beneath
banco bank
bandeja tray
bañarse to take a bath
baño bath
barato, a cheap
barba beard
barbarie *f.* barbarism
barbechera plowed field
barco ship
barrendero sweeper
barrio neighborhood, suburb
basar to base
base *f.* basis
bastante enough; fairly
batalla battle
beber to drink
bebida drink
belleza beauty
bencina gasoline
bestia beast
Biblia Bible
bíblico, a Biblical
biblioteca library
bien well

blanco, a white
blando, a soft
boca mouth
   boca arriba face up
bocado mouthful
bofetada slap, blow
boina beret
bollo hard roll
bomba bomb
borrar to erase
   borrarse to disappear
borroso, a blurred
bosque *m.* woods
bostezar to yawn
botella bottle
boticario pharmacist
botón *m.* button
   botón de muestra sample
brazo arm
bravura courage
breve short, brief
brevemente briefly
brutal brutal
bueno, a good
búfalo buffalo
burlarse to make fun of
burro burro
buscar to look for
   buscar las cosquillas a una persona to pick on,
     tickle

caballo horse
   a caballo to the horses; on horseback
caballero gentleman
cabeza head
cable *m.* cable
cada each
cadáver *m.* cadaver
caer to fall
   caer en la cuenta to realize
café *m.* coffee
caída fall
   caída de la tarde evening
caja cashier
   caja de caudales bank vault
calcular to calculate
calefacción *f.* heat
caleta small bay
caliente hot
calma calm
calor *m.* heat
   hacer calor to be hot

callado, a quiet, not talking
callarse to be quiet
calle *f.* street
callejero, a street
cama bed
cambiar to change
cambio change
   en cambio on the other hand
caminar to walk
camisa shirt
campanilla little bell
campaña campaign; countryside
campesino farmer
campo field
camposanto cemetery
cana gray hair
Canadá *m.* Canada
cáncer *m.* Cancer
canción *f.* song
candidato candidate
cansado, a tired
cantar to sing
cantidad *f.* quantity
cantimplora jug
cañón *m.* cannon
capaz capable
capital *f.* capital
capitán *m.* captain
capricornio Capricorn
cara face
   de cara facing
carcajada laugh
cárcel *f.* prison
cardo thistle
cargar to load
a cargo de at the expense of
caridad *f.* charity
carnero mutton
caro, a expensive
carrera career
carretera road
carro car
carro (carrito) cart
cartera briefcase
cartón *m.* cardboard
casa house
   a casa (to) home
casaca tunic
casado, a married
casarse to marry
casi almost
caso case

castaño, a chestnut
categórico, a categorical
católico, a Catholic
catedral *f.* cathedral
caudillo chief, dictator
causa cause
causado, a caused
caza hunt
cazar to hunt, to catch
celda cell
celebrar to celebrate
cena dinner
centenar *m.* hundred
central central
cerca de near
cerrar (ie) to close
cerveza beer
ciego, a blind
cien (to) hundred
ciencia science
científico scientist
cierto, a certain
cigarro cigarette, cigar
cine *m.* movies
cintura belt
cinturón *m.* belt
circuito circuit
cirujano surgeon
cita appointment
ciudad *f.* city
civilazación *f.* civilization
clase *f.* class; kind
clavado, a nailed
clemencia pardon
clero clergy
cliente *m.* client
clima *m.* climate
cobarde *m.* coward
coercitivo, a coercive
coger to catch
cola tail; line
colina hill
colocar to place
color *m.* color
combatir to combat
comedia comedy, drama
comedor *m.* dining room
comentario, commentary
comenzar (ie) to begin
comer to eat
cometer to commit
comida meal, food

comienzo beginning
comisión *f.* commission
comisionado commissioner
como as, since
cómo how, what
compañero companion
compañía company
comparación *f.* comparison
comparar to compare
comparativo, a comparative
compartir to share
a compás in time
compasión *f.* compassion
completamente completely
complicado, a complicated
comprar to buy
comprender to understand; to include
comprensivo, a comprehensive
comprobar (ue) to verify
comprometerse to commit oneself
compromiso commitment
comunista *m. or f.* communist
con with
conceder concede
concentración *f.* concentration
conciencia conscience
condenar to condemn
condición *f.* condition
conducir to drive; to lead
conferencia conference, lecture
confianza confidence, trust
confiar en to depend on
confirmar to confirm
confundir to mix, confuse
confuso, a confused
conocer to know, to be familiar with
conocido *n.* acquaintance
conocimiento knowledge, experience
conquistar to conquer
consciente conscious
consecuencia consequence
conseguir (i) to get
consejo advice
considerar to consider
consistir en to consist of
contacto contact
contaminación *f.* contamination
contaminar to contaminate
contar (ue) to count, to tell, to be important
contener (ie) to contain
contento, a happy
contestar to answer

a continuación following
continuamente continuously
continuar to continue
contra against
contradicción *f.* contradiction
contrario, a opposite
contratarse to sign a contract
contratista *m.* contractor (man who recruits farm workers and writes up their contracts)
contribuir to contribute
controlar to control
conversar to converse
convertirse en (ie, i) to become
convocado, a convoked
corazón *m.* heart
correcto, a correct
correctamente correctly
corregir (i) to correct
correr to run
corresponder to react accordingly, to be matched
corresponsal *m.* branch
corrido long, narrative popular song from Mexico
corriendo running
cortar to cut
cortésmente courteously
corto, a short
cosa thing
cosido, a sewn
costar (ue) to cost
creador *m.* creator
crear to create
crecer to grow
crédulo, a naive
creer to believe
crespo, a curly
criatura living creature
crimen *m.* crime
crisis *f.* crisis
cristiano Christian
criticado, a criticized
crudo, a pitiless
crueldad *f.* cruelty
crujido creak
cruzar to cross
cuadrado square
cuadro picture
a cuadros plaid
cual like, as
cuál which, what
cualidad *f.* quality
cualquier(a) whatever
cuando when

cuanto, a how much, how many; all who
cuarenta forty
cuarenta y cinco forty-five
cuarto room
cuarto, a fourth
cuatro four
cubierto, a covered
cuello neck
cuenta account, bill
cuento story
cuerpo body
cuesta slope
cuidado careful, beware
culpa fault
culpable guilty
cultura culture
cumplir to fulfill, to carry out; to complete
    cumplir con to do what one should
cuneta ditch
curiosamente curiously
cuyo, a whose

chico, a small
    chiquito, a very small
chimenea chimney
chiste m. joke
chorizo sausage
chupar to suck

dar to give
    darse cuenta to realize
    dar un paseo to take a walk
    dar vuelta to turn around, to go around or wander
    darse por vencido to give up
    darse prisa to hurry
datos information
de of, from, about
debajo underneath
deber to ought, to owe
debidamente in due time
decadencia decadence
decente decent
decidir to decide
decir (i) to say
decisión f. decision
declaración f. declaration
declarar to declare
dedicado, a dedicated
dedo finger
defectuoso, a faulty
defender (ie) to defend

dejar to leave, to let
    dejar de to stop
    dejar caer to drop
delante de in front of
delegado delegate
delicado, a delicate
demás m. or f. others, the rest
demasía, excess
demasiado too, too many, too much
demorarse to take time, to be delayed
demostrar (ue) to demonstrate, to show
dentista m. or f. dentist
dentro de in, within
departamento department
deporte m. sport
derecho, a right
derrochar to squander
derrota defeat
desafiar to defy, to challenge
desarrollado, a developed
desastrado, a disastrous
desayuno breakfast
descansar to rest
descargar to unload
descontento unhappiness
descubrir to discover
descuidar to be careless, to forget
desde from; since
desdeñar to disdain
desear to desire, to want
desembarcar to disembark
deseo desire
desenlace m. conclusion
desesperación f. desesperation
desganadamente disinterestedly
desgraciadamente unfortunately
desierto, a deserted
designado, a designated
deslumbrante dazzling
desnudarse to take off one's clothes
desodorante m. deodorant
desoír to ignore
desolado, a desolate
desordenado, a disordered
despedida farewell
despertar (ie) to awake
    despertarse (ie) to wake up
despreciable to be scorned
despreciar to turn down
despreocupado, a carefree
después afterwards
    después de after

destacarse to stand out
destino destiny
destruir to destroy
detalle *m.* detail
detenerse (ie) to stop
determinar to determine
detrás de behind, in back of
día *m.* day
diálogo dialogue
diciembre *m.* December
dictar to dictate
diecisiete seventeen
dicho said; *n.* saying, proverb
diente *m.* tooth
diez ten
diferente different
difícil difficult
dificultad *f.* difficulty
dignidad *f.* dignity
dilema *m.* dilemma
diligencia effort
dinero money
dios *m.* god
diplomático *n.* diplomat
dirección *f.* address; direction
directo, a direct
director *m.* director
dirigir to direct
    dirigirse to address oneself
disciplina discipline
disco record
disfraz *m.* disguise
disfrazado, a disguised
disponer dispose
dispuesto, a ready
distante distant
distinto, a different
distraídamente distractedly
dividido, a divided
dividir to divide
doblar to fold
doble double
doce twelve
dólar *m.* dollar
dolor *m.* pain
dominar to master, to be skilled; to dominate
domingo Sunday
don *m.* gift
    don de gentes ability with people
dónde where
doquier everywhere
dorado, a golden

dormir (ue, u) to sleep
dos two
doscientos two hundred
droga drug
duda doubt
dueño owner
dulce sweet;
durante during
durar to last
duro, a hard; difficult; good shape

económicamente economically
ecuánime serene
echar to throw; to drink
    echar de menos to miss
    echar maldiciones to curse
    echar a to begin
    echarse to throw oneself down
edad *f.* age
edificio building
educación *f.* education
educar to educate, to bring up
efectivamente actually
en efecto really
efímero, a unsound
Egipto Egypt
egocéntrico, a egocentric
ejemplar exemplary
ejemplo example
    por ejemplo for example
ejército army
electricidad *f.* electricity
elegancia elegance
elemental elementary
ello it
embajada embassy
emocionante exciting
emoción *f.* emotion
emotivo, a emotional
empezar (ie) to begin
emplear to employ, to use
empleo job
emprender to undertake
empresa enterprise
en in, at, on
enamorado, a in love
encantar to delight
encanto charm
encarcelado, a jailed
encargarse de to take charge of
encendido, a hot
encerrar (ie) to lock up

encima de on top of
   por encima de above
encontrar (ue) to find
   encontrarse con to encounter
encuentro encounter
enderezarse to straighten up
endurecer to harden
enemigo enemy
energía energy
enero January
enfermedad f. illness
enfermo, a sick
enganchador m. cheater
engañar to deceive
engreído, a arrogant
enmienda reform
enojado, a angry
enojarse to become angry
enorme enormous
enseñar to teach, to show
entender (ie) to understand
entero, a entire
enterrar (ie) to bury
entierro burial
entonces then, at that time
entrada entrance
entrar to enter
entre among, between
entregarse to give oneself over to
entrevista interview
entusiasmado, a enthusiastic
entusiasmo enthusiasm
envenenar to poison
enviar to send
envolver (ue) to wrap
época epoch
epopeya epic
esquelético, a like a skeleton
equipo team, unit
equivocarse to be mistaken
erguido, a erect
error m. error
escala stop, landing; ladder
escalera stairs
escalofrío shiver
escaparse to escape
escena scene
esclavitud f. slavery
escoger to choose
escolta escort
esconder to hide
escorpión m. Scorpio

escribir to write
escrito, a written
   por escrito in writing
escuchar to listen to
escuela school
ese, a that
esmeralda emerald
eso that
espacio space
espaldas f. back
   de espaldas with one's back toward, on one's back
espantar to frighten
España Spain
español Spanish; n. Spaniard
especial special
específicamente specifically
expectral ghostly
especulador m. speculator
espera n. wait
esperanza hope
esperar to wait, to hope
espeso, a thick
espinazo spine
espíritu m. spirit
espuma foam
esquila cowbell
esquina corner
esquirol m. strike breaker
esquizofrénico, a schizophrenic
estable stable
establecido, a established
estación f. season; station
estado state
Estados Unidos United States
estadounidense of the United States
estallar to break out
estar to be
estático, a static
estatura stature
este, a this
estética aesthetics
estimado, a esteemed
estimar to estimate, to think
estimular stimulate
estirar to stretch
esto this
estrago ravage, damage
estrella star
estrenar to try out
estrictamente strictly
estudiar to study
estudio study

estupendo, a marvellous
estúpido, a stupid
Europa Europe
Evangelio Gospel
eventualmente eventually
evidente evident
evitar to avoid
evolución *f.* evolution
evolucionar to evolve
exactamente exactly
exacto, a exact
exaltado, a ultra-radical
exaltar to exalt
examen *m.* examination
excelente excellent
excelentísimo, a very excellent
excepción *f.* exception
exclamar to exclaim
existencia existence
existir to exist
éxito success
expedición *f.* expedition
expediente *m.* measure, way of doing things
explicar to explain
explotado, a exploited
extenderse (ie) to extend
extensivo, a extensive
exterior exterior, on the outside
extranjero *n.* stranger; extranjero, a *adj.* foreign
extremista *m. or f.* extremist

fábrica factory
fácilmente easily
factura bill
facultativo physician
fajarse to get ready to fight
falda skirt
falso, a false
faltar to be missing
falúa launch
fama fame
familia family
famoso, a famous
fanatismo fanaticism
fantasía fantasy
fantasmal vague
a favor in favor
febrero February
fecha date
feliz happy
feo, a ugly

ferrocarril *m.* railroad
festejar to celebrate
fibra fiber
fiel faithful
fijo, a fixed, steady
   de fijo for certain
fil *m.* field (English)
filipino *n.* Philippine man
filosofar to philosophize
filosofía philosophy
filtro filter
fin *m.* end
   a fin de for the purpose of
final *m.* end
fino, a thin
firmante signing
firme firm
fletar to charter
flor *f.* flower
flotar to float
fondo bottom; background
forma form
formación *f.* training
formar to form
fornido, a robust
forzar (ue) force
foto(grafía) *f.* photograph
fraguar to forge
francés French; *n.* Frenchman
Francia France
franco French franc
franja edge
fraternidad *f.* fraternity
frecuencia frequency
frecuentemente frequently
freno brake
en frente de in front of
fresco, a fresh
   fresquito, a very fresh
frijol *m.* bean
frío, a cold
   hacer frío to be cold
frito, a fried
frontera frontier
fuera outside
fuerte strong, hard
fuerza strength
fugarse to flee
fugitivo *n.* fugitive
fumar to smoke
función *f.* function, show
funcionar to function, to act

funcionario official
fundamental fundamental
furioso, a furious
fútbol *m.* soccer
futuro future

gafas glasses
gala festival
a galope at a gallop
gallo rooster
ganancia profit
ganar to earn, to win
garage *m.* garage
garantía guarantee
gas *m.* gas
gastar to spend
gasto expense
gato cat
gaucho cowboy from Argentina
gemido groan
géminis *m.* Gemini
general *m.* general
género genre, kind
   género humano mankind
genio genius
genocidio genocide
gente *f.* people
gigantesco, a gigantic
girar to turn
gloria glory
gobierno government
golpear to beat
gordo, a fat
gozar de to enjoy
grabar to record
gracias thanks
grado degree
gran(de) big, great, large
gratis free
griego, a Greek
grieta crack
grillo cricket
gringo North American
gris gray
gritar to shout
grito shout
grueso, a thick
grupo group
guapo, a handsome
guerra war
guerrillero, a guerilla
gustar to be pleasing

gusto pleasure; taste
   a gusto at ease; relaxed

haber to have
   ha de has to, will
habilidad *f.* ability
habitación *f.* room
hábito habit
habitualmente habitually
habla speech
hablar to speak
hace ago
hacer to do, to make
   hacer falta to be lacking
   hacer calor to be hot (weather)
   hacer una pregunta to ask a question
   hacerse to become
   hizo (hacer) he made
hacia towards
hacienda wealth
hallar to find
hambre *f.* hunger
hasta even, up to, until
hay there is, there are
   habrá there will be
hecho *adj.* made; *n.* fact
herencia inheritance
herir (ie, i) to hurt, to wound
   herido, a wounded
hermano brother
hermoso, a beautiful
hierba grass
hijo son
hispano, a Hispanic
historia history, story
hoja leaf
hombre *m.* man
hombro shoulder
   hombro a hombro side by side
hondamente deeply
honrado, a honest
hora hour
horizonte *m.* horizon
horóscopo horoscope
horriblemente horribly
horror *m.* horror
hotel *m.* hotel
hoy día today
hoy por hoy today
huelga strike
huelguista, *m. or f.* striker
hueso bone

huesudo, a bony
huir to flee
humanidad *f.* humanity
humano, a human
humillante humiliating
humor *m.* humor
hundirse to sink

de ida outgoing (trip)
idea idea
ideal *m.* ideal
idealista *m. or f.* idealist
ideología ideology
idioma *m.* language
iglesia church
igual the same as
igualar to equal
igualdad *f.* equality
ilustrado, a illustrated
imaginario, a imaginary
impacientarse to become impatient
impacto impact
imperio reign
impetuosidad *f.* impetuosity
imponer to impose
importancia importance
importante important
importar to be important
imposible impossible
impresión *f.* impression
impresionado, a impressed
de improviso unexpectedly
impulsivo, a impulsive
inagotable inexhaustible
incapaz incapable
incierto, a uncertain
inclinarse to tip; to bend
incluso including
incomprensión *f.* incomprehension
indecible unspeakable
indeciso, a undecided
independencia independence
independiente independent
indicado, a indicated
indigno *m.* despicable man
indio *n.* Indian
indispensable indispensable
individuo individual
indomable indomitable
indudablemente undoubtedly
industria industry
industrial industrial

inefable ineffable
ineficaz inefficient
inevitable inevitable
inexplicablemente inexplicably
infame *m.* infamous man
infancia infancy
infeliz unhappy
infidente *m.* infidel
inflexible inflexible
información *f.* information
informe *m.* report
infringir to break (the law)
infructuoso, a fruitless
ingenuo, a naive
Inglaterra England
inglés, a *adj.* English; *m., n.* Englishman
ingreso income
injusticia injustice
inmenso, a immense
inmoral immoral
inmóvil immobile
innecesario, a unnecessary
inocente innocent
inquietamente restlessly
inquietar to disquiet
inquilino tenant
insensato, a stupid
insistente insistent
inspirar to inspire
instalación *f.* installation
instante instant
instintivo, a instinctive
instrucción *f.* instruction, education
insufrible insufferable
Insurgentes Insurgents; major street in Mexico City
intelectual intellectual
inteligente intelligent
intenso, a intense
intentar to try
interés *m.* interest
interesarse por to be interested in
interior interior
interminable inteminable
interpretar to interpret
intervenir to intervene
intervención *f.* intervention
interrumpir to interrupt
intuitivo, a intuitive
invencible unconquerable
inventivo, a inventive
investigación *f.* investigation
investigador, a investigating

investir (i) to invest
invierno winter
invisible invisible
invitar to invite
ir to go
ira anger
irónicamente ironically
irregular irregular
isla island
Italia Italy
italiano, a Italian; n. Italian man
izquierdo, a left

jamás never
en jaque in check
jefe m. boss
joven m., n. young man; adj. young
   de joven as a young man
Juárez, Benito president of Mexico (1806–72);
   major street in Mexico City
jubilado n. retired person
jueves m. Thursday
juez m. judge
jugar (ue) to play
jugo juice
julio July
junio June
juntamente jointly
junto, a near, next to, together
Júpiter m. Jupiter
justamente justly
justicia justice
justo, a just, fair

kilómetro kilometer (five-eighths of a mile)

labio lip
laborable working
laboratorio laboratory
laborar to labor
labrar to carve
lado side
ladrar to bark
ladrón m. thief
lamento sigh
lana wool
largo, a long
lástima pity
lata can; tin
látigo whip
lección f. lesson
lector m. reader

leer to read
legal legal
lejanamente in the distance
lejos de far from
lengua language
lentamente slowly
lente, m. lens
lento, a slow
leo Leo
letal lethal
letra handwriting, letter (of the alphabet)
letrero sign
levantar to raise
   levantarse to rise up, to get up
ley f. law
liar to roll (a cigarette, a bundle)
liberación f. liberation
liberalmente liberally
liberar to free
libra Libra
libre free
libro book
líder m. leader
ligeramente lightly
ligero, a light, fast
limitado, a limited
limón m. lemon
limpio, a clean
línea line, route
lista list
listo, a ready
litoral m. shore
lobo wolf
loco, a crazy
lógico, a logical
lograr to accomplish
lomo ridge
lo que what, that which
luchar to fight
luego then, next
lugar m. place
luna moon
   luna de miel honeymoon
lunes m. Monday
luz f. light

llamada call
llamarse to be called
   llamar la atención to attract attention
llano plain, pampa
llanura plain
llegar to arrive

llegar a ser to become
lleno, a full
llevar to carry; to wear
  llevar a cabo to carry out
  llevar una vida to lead a life
llover (ue) to rain

madera wood
madrugada dawn
maestro teacher
mágico, a magic
magnífico, a magnificent
mal badly
malo, a bad
maltratar to mistreat
mancha stain
manchado, a stained
mandado, a ordered
mandar to order
mandato order, command
manejar to manage
manera way, manner
manifestación *f.* demonstration
de manifiesto public
mano *f.* hand
manotazo handful
manso, a tame
mantener (ie) maintain, support
mantita blanket
mañana *n.* morning; *adv.* tomorrow
mapa *m.* map
máquina machine
mar *m. or f.* sea
maravilla marvel
marchar to go, to march
  marcharse to go away
margen *m.* margin
marido husband
Marte Mars
martes *m.* Tuesday
marzo March
más more; plus
masa mass
matar to kill
matemáticas mathematics
material *m.* material
materialista *m. or f.* materialist
matrimonio marriage; couple
maullar to meow
mayo May
mayor greater; older, oldest
mayoría majority

mecánico, a mechanical
mecanismo mechanism
mecanografía typing
mecha wick
mediación *f.* mediation
mediano, a middle; average
medias stockings
médico doctor
medio *n.* means, way; *adj.* half
mediodía *m.* noon
mejor better, best
  a lo mejor probably
mejorar to improve
memoria memory
mención *f.* mention
mendicidad *f.* begging
mendigo beggar
menor less; younger, youngest
menos less, least; except
  al menos at least
menosprecio scorn
mensualmente monthly
mental mental; mentally
mente *f.* mind
mentir (ie, i) to lie
mentira lie
mentiroso *m.* liar
menú *m.* specialty of the day
a menudo often
Mercurio Mercury
merecer to deserve
mero, a mere
mes *m.* month
mesa table
meseta plateau
metódico, a methodical
metodista *adj. or n.* Methodist
método method
metro meter
mexicano, a *adj.* Mexican; *n.* Mexican person
mi(s) my
microbio microbe, germ
miembro member
mientras while
miércoles *m.* Wednesday
mil thousand
milagro miracle
milicia military
millón *m.* million
mina mine
mínimo, a minimum
ministro minister

minuto minute
mío, a mine
mirada look
mirar to look at; n., m. look
miserable miserable
miseria misery
mismo, a same
mismo, a self
   a sí misma themselves
misterioso, a mysterious
mitad f. half
mochila knapsack
moderno, a modern
modo way
molestar to bother
molestia nuisance
momento moment
   de momento for the moment
montado, a riding
montaña mountain
montar to ride, to get on
monte m. woods
moraleja moral lesson
morir (ue, u) to die
moro Moor
morral m. knapsack
mostrar (ue) to show
motivo motive
moto(cicleta) motorcycle
motor m. engine
motorista m. or f. motorist
mover (ue) to move
movimiento movement
mozo boy
mucho, a much, a lot
muerte f. death
muerto, a dead
mujer f. woman
mula mule
mundo world
muriendo dying
música music
musical musical
músico n. musician
muy very

nacer to be born
nacido, a born
nación f. nation
nacional national
nada nothing
nadar to swim

nadie no one
naranja orange
nariz f. nose
naturaleza nature
Navidad f. Christmas
necesario, a necessary
necesitar to need
negar (ie) to deny
   negarse (ie) to refuse
negociación f. negotiation
negociante m. businessman
negocio business
negro, a black
neurótico, a neurotic
ni neither; not even
nieve f. snow
ningún(o) a none, no
niño child
nivel m. level
nocturno, a night
noche f. night
Nochebuena f. Christmas Eve
nombre m. name
normal normal
norte m. north
norteamericano n. North American
notar to note, to notice
noticia news
novecientos nine hundred
noveno, a ninth
noviembre m. November
nube f. cloud
nuestro, a our
nueve nine
nuevo, a new
   de nuevo again
número number
nunca never

o either
obcecar to blind
objeto object
obligación f. obligation
obra work
obrero worker
obstinado, a obstinate, stubborn
obtener to obtain
octavo eighth
octubre m. October
ocupado, a occupied; busy
ocupante m. occupant
ocuparse to be busy

lo ocurrido what occurred
ocurrir to occur
ochenta eighty
ocho eight
ochocientos eight hundred
odio hate
oeste *m.* west
oficial *n., m.* official, officer; *adj.* official
oficina office
ofrecer to offer
oído ear
¡oiga! listen, hey
oír to hear
ojo eye
ola wave
óleo oil
oler (huelo, *etc.*) to smell
olivo olive tree
olvidar to forget
once eleven
opinar to think, to have an opinion
oponerse a to oppose
oportunidad *f.* opportunity
oprimir to oppress
optimista *m. or f.* optimist
opuesto, a opposite
orden *m.* order
ordenado, a in order, organized
oreja ear
organización *f.* organization
organizado, a organized
original original
originalidad *f.* originality
orilla bank
orla fringe
oro gold
oscilar to bob, to sway
oscuridad *f.* darkness
oscuro, a dark
osmosis *f.* osmosis
oso bear
otoño fall, autumn
otro, a other
ovalado, a oval
óvalo *n.* oval

paciencia patience
paciente patient
pacientemente patiently
pacíficamente peacefully
padre *m.* father
pagar to pay

página page
país *m.* country
paja straw
palabra word
pálido, a pale
pan *m.* bread
pantalón *m.* pants
panteón *m.* cemetery
papel *m.* paper; role
par *m.* pair
para for, in order to, by
paraíso paradise
paranoia paranoia
parar to stop
   pararse to stop
parecer to seem
   ¿Le parece? Do you think?
parecido, a like, resembling
pared *f.* wall
pareja partner
pariente *m. or f.* relative
en paro unemployed
párpado eyelid
parsimoniosamente moderately
parte *f.* part
   alguna parte somewhere
   todas partes everywhere
participar to participate
partida band
partido (political) party
partir to leave
párrafo paragraph
parrón *m.* grapevine
pasa raisin
pasado, a past
pasajero, a *m. or f.* passenger
pasar to happen, to pass
pasear to take a walk
pasillo hall
pasión *f.* passion
pasivo, a passive
paso step
   al paso while
pastor *n., m.* pastor; *adj.* pastoral
paternalismo paternalism
paterno, a paternal
pato duck
patológico, a pathological
patria fatherland, home state
patriarca *m.* patriarch
patrón *m.* boss
pausa stop, pause

paz *f.* peace
peculiaridad *f.* peculiarity
pecho breast, chest
pedazo piece
pedir (i) to ask for
pegar to stick, to glue
  pegar fuego to set fire
pelearse to fight
peligro danger
pelo hair
pena pain
penoso, a painful
pensamiento thought
pensar (ie) to think
  pensar en (ie) to think about
pensativo, a pensive
penumbra darkness
peñón *m.* large rock
peor worse, worst
pequeño, a small
perder (ie) to lose
perdido, a lost
perdonar to forgive
perdurar to last
peregrinación *f.* pilgrimmage
perfección *f.* perfection
perfecto, a perfect
permiso permission
  permiso de conducir driver's license
permitir to permit
pero but
perpetrar perpetrate
perseguir (i) to pursue
persistente persistent
persona person
personal personal
perturbado *m.* disturbed person
perro dog
pesar to weigh
  a pesar de in spite of
  a su pesar in spite of himself
pesca fishing
pescador *m.* fisherman
pescar to fish
peseta Spanish dollar (worth one-sixtieth of U.S. dollar)
pésimo, a terrible
peso Mexican dollar (worth about eight cents)
petaca tobacco case
petición *f.* petition
petrificado, a petrified
petróleo petroleum
petrolero, a petroleum

piadoso, a pious, holy
picar to nibble
pie *m.* foot
  de pie standing
piedra stone
piel *f.* skin
pierna leg
pieza room
piloto pilot
a pique in the form of a sharp cliff
piscis Pisces
piso floor (of a building); apartment
plan *m.* plan
planta floor
  planta baja ground floor
plantar to plant
plástico, a plastic
platicar to chat
plato dish, course (of a meal)
playa beach
plaza place, square
pleno, a in the middle of; full
plomizo, a lead colored
pobre poor
pobreza *f.* poverty
poco, a little
poder (ue) to be able
poder *m.* power
poema *m.* poem
poesía poetry
poeta *m.* poet
poético, a poetic
poetisa *f.* poetess
policía police
policía *m.* policeman
político, a political; *n., m.* politician
polución *f.* pollution
polutar to pollute
pomposamente pompously
pómulo cheekbone
poner to put, to place, to put into
  ponerse to become; to put on
  ponerse a to begin
por for; through; by; per
  por fin finally
  por igual equally
  por lo menos at least
porque because
por qué why
por tanto therefore
porvenir *m.* future
poseer to possess

posible possible
posición *f.* position
postal postal
postor *m.* bidder
postura posture
potrero pasture
practicar to practice
práctico, a practical
precio price
precioso, a exquisite
precipitarse to hurtle
preciso necessary
preferir (ie, i) to prefer
pregunta question
preguntar to ask
  preguntarse to wonder
premio prize
prender to seize, to arrest
  prender fuego to start a fire
prensa press
preocupado, a worried
preparar to prepare
presentar to present
presidente *m.* president
preso prisoner
prestar to lend
prestigio prestige
prevención *f.* suspicion
primario, a primary
primer(o), a first
  a primeros at the beginning
primitivo, a primitive
al principio at the beginning
en pro for
probable probable
probablemente probably
probar (ue) to taste, to try out, to try on
problema *m.* problem
proceder to proceed
proceso process
procurar to try
producir to produce
profesor *m.* professor
profundo, a deep, complete
prolongadamente prolongedly
prolongar to prolong
promoción *f.* promotion
pronto quick, fast
pronunciado, a pronounced
pronunciar to pronounce
propietario proprietor
propio, a own

proporción *f.* porportion
propuesta proposal
protección *f.* protection
protesta protest
proveerse to equip oneself
próximo, a next
prueba proof, test
público *n.* public
pueblo town; people
puente *m.* bridge
puerta door
puertorriqueño *n.* Puerto Rican
pues well; then
puesto, a on (wearing)
puesto *n.* position, job
pulgar *m.* thumb
pulpo octopus
pulsero, a wrist
punto point
  en punto sharp (referring to time)
puro, a pure

que than; that
qué what; how
quedar to remain, to be
  quedarse to stay
quejarse to complain
quemar to burn
querer (ie) to want; to love
  querer decir to mean
quién who, whom
quinto, a fifth
quitar to take away
quizá(s) perhaps

radical radical
radio-actividad *f.* radio activity
radiotelegrafista *m.* radio operator
rajarse to give in
ranchero farmer, rancher
rápidamente rapidly
rápido, a rapid, fast
raptor *m.* thief
raro, a rare; strange
rasgo major detail
rato, ratito little while
ratoncito mouse
raza race; Spanish-speaking people
razón *f.* reason
reacción *f.* reaction
reaccionar to react
real real

realidad *f.* reality
  en realidad actually
realismo realism
realista *m. or f.* realist; *adj.* realistic
realmente actually
reaparecer to reappear
rebelarse to rebel
recelo distrust
recepción *f.* reception
recibir to receive
recientemente recently
recital *m.* recital
reclamo claim
reclinado, a resting
recluir to seclude
recoger to pick up
recomendar (ie) to recommend
reconocer to recognize
reconocido, a recognized
reconvención *f.* reproach
recordar (ue) to remember
recrearse to enjoy or entertain oneself
rechazar to reject
reemplazante *m.* replacement
reemplazar to replace
restablecido, a reestablished
regido, a ruled
reglar to regulate
regresar to return
regreso return
regular regular
reírse (i) to laugh
religioso, a religious
reloj *m.* watch
remediar to remedy; to cure
rendirse (i) to surrender
renombre *m.* reknown
repartir to divide
de repente suddenly
repertorio repertory
repetir (i) repeat
réplica reply
reposado, a calm
representación *f.* representation
república republic
reputación *f.* reputation
requerir (ie, i) to require
reseco, a very dry
residencial residential
resistencia resistence
resistir to resist
resolver (ue) to resolve

con respecto a with respect to
respetar to respect
respeto respect
responder to reply
responsabilidad *f.* responsibility
respuesta answer
restar to remain
  restante *m.* remaining man
restaurante *m.* restaurant
resto rest, remainder
resuelto, a resolved
resultado result
resultar to turn out
resumido, a resumed
resumir to sum up
retrasado *m.* retarded person
retroceder to step back
reunir to gather together
  reunirse to meet
revelar to reveal
revender to resell
reverencia bow
revista magazine
revolución *f.* revolution
revolucionario, a revolutionary
rey *m.* king
rico, a rich
rienda rein
rifle *m.* rifle
riguroso, a rigorous
río river
riqueza wealth
robar to rob
roble *m.* oak
roca rock
rocoso, a rocky
rodear to surround
rogar (ue) to ask for
rojo red
romano Roman
romántico, a romantic
romper to break
ropa clothes
roto, a broken
rubio, a blonde
rudo, a unpolished
ruido noise
ruina ruin
ruta route

sábado *m.* Saturday
saber to know

a saber I wonder
sabio, a wise
sabor *m.* flavor, taste
sacar to take out; to take a photograph
sacerdote *m.* priest
saciar satisfy
sacudir to shake
sagitario Sagitarius
salario salary
salir to leave, to go out
saltar to jump
salud *f.* health
salvador of rescue
salvaje savage, wild
salvarse to be saved
samba a dance from Latin America
San *m.* saint
sandalia sandal
sangre *f.* blood
sangriento, a bloody
santo, a saint
sapo toad
saquear to sack
sarcástico, a sarcastic
sastre *m.* tailor
satisfecho, a satisfied
Saturno Saturn
se one
en seguida immediately
seguir (i) to follow
según according to
segundo, a second (of time); *m.* a second
seguramente surely
seguro, a sure; secure
seis six
selección *f.* selection
selva jungle
sello stamp
semana week
sencillo, a simple
sensitivo, a sensitive
sentarse (ie) to sit down
sentido sense
sentimiento feeling
sentir (ie, i) to feel
  sentirlo to be sorry
señal, *f.* sign
señalar to point out
señor *m.* gentleman, man, sir
señora lady, married woman
separar to separate
septiembre *m.* September

séptimo, a seventh
ser to be
  siendo being
ser *n.* being
serio, a serious
servicio service
servir (i) to serve
sesión *f.* session
sexo sex
sexto, a sixth
si if
sí yes; indeed, certainly
siempre always
siesta nap
significar to mean
signo sign
siguiente following
silbar to whistle
silencio silence
silencioso, a silent
silla saddle; seat
similar similar
simpático, a nice, attractive
sin without
sin embargo nevertheless
sincero, a sincere
siniestro, a sinister
sino but
sintético, a synthetic
ni siquier not even
sirio, a Syrian
sitio place
situado, a situated
soberano, a sovereign; controlling one's own destiny
sobre on, upon, above
sobrenatural supernatural
sobresaltar to startle
sobrevivir survive
sobrevolar (ue) to fly over
social social
sociedad *f.* society
sol *m.* sun
solamente only
soldado soldier
solicitar to ask for
solitario, a solitary
solo, a single; alone
sólo only
soltero bachelor
solución *f.* solution
sollozo sob
sonar (ue) to ring

sonido sound
sonreír (i) to smile
sonrisa smile
soñoliento, a sleepy
sopa soup
sordo, a deaf
sorprender to surprise
sorprendido, a surprised
sostener (ie) sustain, support
su(s) your, his, her, their
subir to raise; to go up, to climb
subrayar to underline
suceder to happen
suceso happening
suciedad f. dirtiness
sucinto, a to the point
sucio, a dirty
sucumbir to succumb
sudar to sweat
sudor m. sweat
suela sole
sueldo salary
suelo floor
suelto, a loose
sueño dream
suerte f. luck
sufrimiento suffering
sufrir to suffer
suicidio suicide
sujeción f. subjection, oppression
suma sum
superficial superficial
superioridad f. superiority
supernatural supernatural
superpoblado, a overpopulated
super-poder m. superpower
sur m. south
suroeste m. southwest
suscitar to arouse
sustraerse to withdraw, to drop out
susurro whisper
suyo, suya of yours, his, hers, theirs

tabaco tobacco
tabla board
táctica tactic
tal such
  tal como such as
  tal vez perhaps
  tal y como as
talento talent
tamaño size

también too, also
tampoco neither
tan so
tanto adv. so much
tanto, a so much, so many
tapia wall
taquigrafía shorthand
taqui-mecanógrafa shorthand typist
tarde n., f. afternoon; adv. late
tarea task; homework
tarjeta card
tauro Taurus
taza cup
teatro theater
techo roof
tejano m. Texan
telefonear to telephone
teléfono telephone
televisión f. television
telón m. curtain
temblar (ie) tremble
temblón, a trembling
temer to fear
temor f. fear
temprano early
tenaz tenacious
tendencia tendency
tener (ie) to have, to hold
  tener ganas to feel like
  tener lugar to take place
  tener que to have to
  tener que ver to have to do
  tener miedo to be afraid
  tener prisa to be in a hurry
  tener razón to be right
tensión f. tension
tercero, a third
terminación f. ending
terminar to end, to finish
terrible terrible
territorio territory
testamento will, testament
tiempo time
tierra ground, earth, land
timbre m. bell
tímido, a timid
tío, a n. m. or f. uncle, aunt
típico, a typical
tipo type, kind
tirado, a drawn; thrown
tirar to throw; to draw
  tirarse to throw oneself

tocar to touch; ring; to be one's share
todavía still, yet
todo, a all
todo everything
tomar to take; to drink
   tomar el pelo to cheat, to fool
   toma go on
tomate *m.* tomato
tono tone
tonto, a stupid
toparse con to run into (by accident)
toro bull, bullfight
total *m.* total
totalmente totally
tóxico, a toxic
traba *f.* hindrance
trabajador, a working; *n., m.* worker
trabajo work
tradición *f.* tradition
traer to bring
trago swallow
a traición *f.* by betrayal
traicionar to betray
traílla leash
traje *m.* suit
tranquilamente peacefully
tranquilo, a quiet, tranquil
trasladar to transport
trastornado *n.* disturbed
tratamiento treatment
tratar de to try to; to deal with
trazar to trace
trece thirteen
tren *m.* train
tres three
tribu *f.* tribe
triste sad
triunfar to triumph
tronco log
tropa troops
tropezar (ie) to stumble
trotar to trot
trote *m.* trot
tumba tomb
turbación *f.* confusion
turbar to disturb
turbina turbine
turista *m. or f.* tourist
turístico, a tourist

últimamente lately
un(o), a, one

único, a only
unión *f.* union
unirse to join
unos, as some; about
Urano Uranus
usar to use
uso use
uva grape

vaca cow
vacaciones *f.* vacation
vacío, a empty
vagamente vaguely
vago, a vague
valer to be worth
   valer la pena to be worthwhile
   valerse to make use of
válido, a valid
valor *m.* courage, value
valle *m.* valley
vara stick
   varita little stick
varios, as several
vaso glass
vaya go (command)
vecino neighbor
veinte twenty
veintiocho twenty-eight
vela vigilance
velado, a muffled
vencido, a defeated, conquered
vendedor *m.* salesman
vender to sell
venganza vengeance
venir (ie) to come
venta sale
ventaja advantage
ventana window
ventanilla window
Venus *m.* Venus
ver to see
verano summer
de veras truly
verdad *f.* truth
   de verdad truthfully
verdadero, a true
verde green
verificación *f.* test
vertical vertical
verticalmente vertically
vertiginoso, a dizzy, giddy
vestido, a dressed

vestirse (i) to dress
veterinario veterinarian
vez *f.* time
   alguna vez sometime, once upon a time
   cada vez each time
   de vez en cuando from time to time
   muchas veces often
   otra vez again
   rara vez rarely
   a veces at times
viajar to travel
viaje *m.* trip
viajero traveller
victoria victory
vida life
viejo, a old
viento wind
viernes *m.* Friday
violencia violence
vino wine
viña vineyard
virgo *m.* Virgo
visitar to visit
visto, a seen

vitalidad *f.* vitality
vivaz lively
vivienda dwelling
vivir to live
vivo, a living
volar (ue) to fly
voluntad *f.* will
volver (ue) to return
   volver a to do again
   volver en sí to collect oneself
voraz voracious
en voz alta out loud
   en voz baja in a low voice
vuelo flight, flying
de vuelta return

y and
ya already, now

zapatería shoe store
zapato shoe
zona zone
zumbido hum